AF244845

LE MIROIR

DES

RADICAUX

ET DES

BOUSINGOTS

PAR

Un Rural qui sait Labourer et Herser
et peut-être autre chose.

BOULOGNE-SUR-MER

Imprimerie et Lithographie F. Delahodde, rue Royale, 8 ter

1878

LE MIROIR

DES

RADICAUX

ET DES

BOUSINGOTS

PAR

Un Rural qui sait Labourer et Herser
et peut-être autre chose.

BOULOGNE-SUR-MER

Imprimerie et Lithographie F. Delahodde, rue Royale, 8 ter

1878

LE MIROIR

DES CLÉRICAUX ET DES BOUSINGOTS

PAR

**Un Rural qui sait Labourer et Herser
et peut-être autre chose.**

A mes Concitoyens,

A mes Compatriotes,

I. — *Qui je suis et pourquoi j'écris ?*

D'abord je ne me flatte pas d'écrire en bon français, je suis un rural, j'écris cependant depuis que j'ai vu en lisant les journaux, qu'il est inutile de savoir le français pour être lu.

J'ai sur certains folliculaires un avantage : c'est d'écrire sinon en *françois*, du moins en *français*. J'aime la France ma patrie ! peuvent-ils en dire autant, nos épicuriens écrivassiers modernes ? je suis piqué de voir ces sauteurs de plume faire passer des vessies pour des lanternes et nous prendre, nous autres ruraux, pour des oies ou des codins, sauf votre respect, cher lecteur.

Comment ! des échappés de collége se mettent gribouilleurs de papier et moi, honnête cultivateur, je ne pourrais mettre du noir sur du blanc !

Je ne me flatte pas de plaire à tout le monde, je suis clérical, ce titre m'attirera la sympathie des uns, je les en remercie ; j'aurai l'animadversion des autres, je ne m'en fiche pas mal, pour ne pas dire plus.

Venez, mes Bousingots, regardez-vous dans mon miroir, je vais vous faire la barbe, vous en avez besoin.

Vous me verrez aussi écorcher la peau de quelques-uns de vos confrères : que cela vous console ; car si les loups ne se mangent pas, les Bousingots se dévorent entre eux quoiqu'ils ne soient pas plus appétissants que peut l'être un gibier de potence.

Ceux qui se reconnaîtront dans mon miroir auront le droit d'éternuer : qui se sent morveux se mouche.

II. — *D'où je viens ?*

Paraissant pour la première fois en public, il est utile de savoir que je suis homme des champs : cultivateur, je prends la charrue et la herse pour thème : outils nécessaires, indispensables à ma profession, instruments jouant un grand rôle dans la société, puisque la charrue et la herse fonctionnent bien. C'est sa vie, sa prospérité, son bien-être, et cela est si évident que, si quelques fous aux cerveaux fêlés venaient dire dans des journaux qu'il faut les empêcher de fonctionner, les mettre au grenier, étant la plaie et le malheur du pays, toute la France se lèverait comme un seul homme, saisie d'horreur, pour les enfermer, voyant derrière leur théorie, la faim, la désolation, la mort et le renversement de la société.

Le long espace de temps que j'ai conduit la charrue de mes mains me fit faire bien des comparaisons pour arriver insensiblement à pouvoir démontrer ce que sont nos épicuriens, libres-penseurs, radicaux, ce qu'ils veulent et ce qu'ils prétendent avec leurs utopies et leurs systêmes. On verra si j'ai tapé fort et juste par la trivialité de mes expressions, montrant la charrue détruisant l'ordure pour féconder la terre et, par conséquent, l'ennemie mortelle de plantes parasites qui tendent à l'envahir et à la détériorer.

Quand j'allai pour la première fois à la charrue, mon père dit à Louis, un de nos domestiques de charrue, de prendre les trois chevaux les plus intelligents de l'écurie, d'aller dans nos six mesures me donner les premiers principes de labour. Je montai à cheval et partis avec lui le cœur joyeux faisant claquer mon fouet à coups redoublés. Quand nous fûmes à la pièce, Louis fit deux ou trois tours pour dérouiller la charrue et me mettre bien en train, me disant : fais bien attention, regarde bien, ne prends jamais trop grande *raye*, tiens-là toujours égale afin que la terre soit bien emportée partout, qu'il ne reste pas de *noyau ;* aie soin que tes chevaux aillent bien en droite ligne jusqu'à la lisière pour que ta raye reste droite, et pour *renfiler*, fais en sorte que ce soit toujours d'équerre et bien d'aplomb, tu laisseras aussi reposer tes chevaux de temps en temps pour ne pas les fatiguer trop. Je reviendrai dans deux heures. Je me mis à l'œuvre, bientôt il revint examiner mon ouvrage, et me dit : c'est très-bien, la terre est bien emportée partout et l'ordure bien retournée ; un coup de herse, et, le soleil aidant, elle disparaîtra entièrement ; le bon grain pourra croître dans le sillon, puisque la mauvaise herbe ne sera plus là pour l'étouffer.

La raye n'est pas bien droite, il est vrai, mais avec un peu d'attention, tu pourras la corriger ; vois-tu cette bosse là bas, eh bien, avant d'y arriver, tu prendras très peu de terre avec ta charrue, et à la bosse tu feras ta raye beaucoup plus large. Après deux ou trois tours comme ceux-là, elle sera revenue droite ; tu peux maintenant labourer en connaissance de cause. Quand tu ne ferais pas mieux, tu as toujours la touche et la trempe convenable ; c'est le principal, le reste n'est que pour la beauté et la *gloire* de l'ouvrier, et du coup je fus laboureur et accepté tel,

Aujourd'hui, c'est le premier labour d'un autre champ plus difficile, rempli de ronces et de cailloux, donnant quelquefois des chocs et culbutant le pauvre laboureur ; ce n'est plus l'ordure végétale dans une terre douce, insensible aux coups que la charrue lui porte, c'est une ordure animale d'une autre espèce se révoltant contre ce qui la contrarie. On veut l'empêcher de croître ; l'ordure malsaine s'attaque aux individus pour répandre autour d'eux la contagion et la mort. Je réclame donc l'indulgence pour ce premier labour ; le public appréciera si je puis continuer avec efficacité, le courage ne me manquera pas.

F. MANTEL.

CHAPITRE Ier.

—

Du tort immense qu'un Clérical peut faire à une ville.

M l'abbé Haffreingue au milieu des débris de la Cathédrale n'eut plus qu'une idée fixe, relever ce temple en l'honneur de Dieu et à la gloire de la Reine du Ciel, afin que les matelots, en passant le détroit, pussent lui demander sa protection pour les préserver du naufrage.

Mais, comment faire sans argent, alors qu'il ne pouvait compter sur le concours du gouvernement ? Il avait la foi, il demanda un miracle et il l'obtint ; il se mit à l'œuvre sans le sou et la Cathédrale s'éleva comme par enchantement sans qu'il su d'où l'argent lui venait. Pendant quarante ans, il occupa de nombreux ouvriers répandant autour de lui l'abondance et le bonheur, tout en élevant pour sa ville de prédilection un monument devant lui donner un relief de nature à en faire une des villes les plus agréables et les plus pittoresques de France, avec ses cérémonies religieuses, ses pèlerinages, sa grande et inimitable procession annuelle ; lors qu'elle avait déjà ses bains de mer joints à l'élégance et la beauté de la cité. En fallait-il davantage pour lui donner de la renommée et faire jaillir des millions ?

Aussi, Paris, Amiens, Abbeville, St-Omer, Londres, vinrent-ils en pèlerinage, toutes les campagnes s'ébranlèrent et accoururent en masses nombreuses vénérer la patronne de

Boulogne, dont on avait replacé la statue miraculeuse sur le dôme, dans une cérémonie imposante dans laquelle on comptait une quinzaine de Prélats français, belges, anglais et américains et une foule immense venue de toutes les parties de la France et de l'Angleterre, tous semaient l'argent dans la cité pendant leur séjour et devenaient ensuite les trompettes de sa Renommée, faisant connaître les agréments de cette ville bénie, laquelle était devenue, sans le savoir, la promotrice de tous les pèlerinages, ranimant la foi et l'espérance, montrant à l'Europe étonnée la vapeur, traînant des convois successifs de pèlerins, traversant la France dans toutes les directions afin d'aller s'agenouiller aux sanctuaires vénérés, prier pour leurs familles et leur infortunée patrie ; affirmant par là, à la face du monde, la grandeur et la vitalité de cette religion sainte, faisant la terreur des impies et donnant le démenti le plus formel à ces écrivassiers libres-penseurs, disant dans leurs journaux qu'elle est à son agonie.

Quand on voit beaucoup des leurs, pris furtivement par l'oreille, comme le petit Thiers, partant, sans mot dire, trouver le patriarche ordurier et menteur de l'incrédulité, Voltaire, mort de rage et de désespoir en avalant ses excréments, couronnement sublime d'une vie de débauches, ils ont beau fermer les yeux, la mort les saisira, et ils partiront, eux aussi, sans réflexion, et la religion subsistera. En attendant, ils pourront encore la persécuter, détruire et piller ses temples, fusiller ses ministres ; mais là se bornera leur action, ils crèveront dans l'écaille comme les poussins venant à éclore dans le décours de la lune : il n'y a que les plus forts qui vivent, les autres ont bien la force de trouer la coque et de piailler un peu, ils ne peuvent l'ouvrir et crèvent dedans et sont jetés sur le fumier. Pauvres pygméees voulant detruire le Christianisme que les Césars de l'Empire romain dominant le monde ont été impuissants à écraser. Quoi qu'ayant des armées formidables, ayant vaincu le monde et le tenant en servitude, ils durent après trois siècles de persécutions s'avouer vaincus et baisser pavillon devant la Croix, emblème régénérateur du monde, qui venait l'affranchir de l'esclavage où il était réduit.

J'ai vu de mes yeux les vestiges de cette puissance colossale, j'ai vu ce Colisée où l'on faisait dévorer des milliers de chrétiens par les bêtes féroces ; j'ai vu ces thermes, ce forum, ce palais des Césars, ces arcs de triomphe, ces catacombes, la prison Mamertime avec la petite colonne, où St-Pierre a été attaché et dont j'ai baisé les chaînes ; ces monuments sont restés là depuis 18 siècles pour attester au monde que Dieu se joue de la puissance des hommes quand il le veut, et pour prouver par là la divinité de la religion. Continuez, libres-penseurs, votre œuvre démoralisatrice et vous verrez qui sera le maître.

Boulogne ! sois fière et heureuse d'être, pour ainsi dire, le berceau de la renaissance des pèlerinages. A l'ombre de ce dôme auguste où domine ta Patronne bien aimée, sont nées une foule d'autres œuvres saintes : en premier lieu les petites sœurs des pauvres, pauvres filles, s'établissant, elles aussi, sans le sou, semblables à celui qui, par un miracle de foi, a relevé ce monument qui fait la gloire et la prospérité de la ville C'est là, qu'elles vont par un prodige d'amour puiser la force de se faire pauvres, pour nourrir les pauvres ; c'est encore là, aux pieds des autels qu'elles vont retremper et aiguiser les outils servant à broyer le grain pour donner la subsistance à plus de cent soixante vieillards, quand un budget de cent mille francs fourni par les contribuables serait insuffisant dans les mains de nos philanthropes modernes !

Voilà des faits irrécusables et incontestables et qui ont fait jaillir au nom de la religion et de la prière des milliers de francs et des aliments pour nourrir et soigner les infirmes du travail, quand le budget se trouve impuissant à les soulager tous!... Là, toute la science de tous nos Jules est en défaut, aussi, voudraient-ils supprimer une cause qui produit de tels résultats ; aussi, Gambetta et consorts appellent-ils tout ce qui tient à la religion, une lèpre dévorante qu'on doit détruire, comprenant très bien, en bons avocats, que, s'ils eussent été vraiment religieux, eussent-ils passé 50 ans dans le ministère évangélique, ils seraient encore de misérables hères. Les pauvres et malheureux eussent au moins profité de leurs labeurs et de leurs fatigues. Qu'ils me trouvent donc ces braves basiles, un seul de ces ecclésiastiques qu'ils disent vouloir tout accaparer, usé dans le ministère et qui soit millionnaire. Moi qui ne suis qu'un pauvre compagnard, je leur trouverai des centaines d'avocats et journalistes devenus millionnaires en peu de temps, au moyen d'un budget soutiré par le charlatanisme aux contribuables. Voilà ce qu'ils te cachent, peuple, pour dauber sur les curés afin de te donner le change; les Jules de Paris me faisaient oublier Boulogne, dont certains membres du Conseil municipal paraissent heureux d'apporter leur concours à l'œuvre de destruction sociale entreprise par les radicaux de Paris.

CHAPITRE II.

—

Où l'on verra comment certain Conseiller Municipal aime le Peuple.

Quelle idée se former d'un Conseil municipal d'une ville de 40 mille âmes, où un des membres les plus influents, se posant en protecteur de l'humanité, vient se vanter ouvertement d'avoir refusé son obole aux Petites Sœurs des Pauvres ; et dire qu'il ne se s'est point trouvé un homme pour protester et le faire rougir de honte ; car il n'est pas un simple ouvrier honnête qui ne se fasse un plaisir de leur donner quelque chose quand l'occasion s'en présente et même de le leur offrir, sachant que si l'infortune et la vieillesse viennent le visiter, il sera recueilli et soigné comme leurs bons vieux, l'hospice ne pouvant subvenir à tout, faute d'argent.

Honneur donc et respect à la religion, arrivant au secours des malheureux, quand l'homme avec tous ses systèmes et ses utopies est impuissant à les soulager. En faut-il plus que ces mots, sans protestation, prononcés au Conseil Municipal pour faire comprendre (si l'homme voulait comprendre), et prouver aux électeurs que tous ces orgueilleux et ambitieux se soucient moins de leurs souffrances que de leur haine contre la religion représentée dans les Petites Sœurs des Pauvres se sacrifiant pour les malheureux.

En effet, est-il un spectacle plus auguste, plus sublime et plus émouvant que ces modestes filles se dirigeant vers la demeure de ce conseiller, remplissant peut-être alors les fonctions de Maire par délégation, élu pour venir en aide à ses concitoyens, par ses paroles et ses actions. Que la route leur semblait légère ! quels beaux rêves ! quelles douces illusions ! elles voyaient déjà bouillir le pot au feu qui devait fortifier leurs vieillards et redonner un peu de vitalité à leurs membres alourdis. Leur illusion était vaine, leur désappointement fut grand de se voir rebutées, si dédaigneusement, elles se retirèrent la rougeur au front, priant pour celui qui les méprisait. Il faut plaindre la Ville, aux mains de semblables représentants qui ne s'étaient fait élire que pour le bonheur des ouvriers, et qui, en fin de compte se moquent et se jouent d'eux. Ceux qui attaquent la religion, c'est le peuple, c'est l'ouvrier qu'ils frappent dans ses intérêts les plus vivaces.

Je vais par un fait indéniable, éclatant, prouver mon assertion. Le susdit conseiller toujours en séance trouva que c'était absurde d'avoir fait construire une chapelle aux Petites Sœurs des Pauvres coûtant 200 mille francs, tandis qu'on eut pu acheter des rentes pour nourrir des pauvres. Il ignore, le brave philanthrophe, que les Petites Sœurs ne peuvent posséder de rentes, qu'elles vivent au jour le jour sans s'inquiéter de son obole, la Providence leur procurant toujours le moyen de s'en passer.

Un bon et noble cœur, un jeune homme d'une famille hon
rable de Boulogne, allait lui aussi se reposer et prier sous l
dôme tutélaire de Notre-Dame de Boulogne, laquelle lui inspir
de faire bâtir une Eglise aux Petites Sœurs des Pauvres, il s'es
dit, voyons : Je suis riche, je ne veux pas me marier, je n'ai
plus que quelque temps à vivre, dix, vingt, trente ans, pour
l'éternité c'est bien peu de chose. Il y a là près de deux cents
vieillards n'ayant pas d'église, je ne puis faire une œuvre plus
méritoire devant Dieu ; ils n'ont plus d'ambition, ils sont
désabusés d'un monde qui leur a causé plus d'inquiétude et de
chagrins que de joie, ils voient la vanité et le néant des choses
humaines, ils bénissent et apprécient cette religion qui les
recueille malgre leurs écarts, ils ont besoin d'un temple digne
pour aller remercier Dieu de cette faveur, pleurer leurs péchés
et se disposer à paraître devant lui, attendu qu'il n'y a plus
d'illusion possible pour eux, voyant que si la religion ne les
avaient recueillis ils seraient de trop sur la terre et misérables. J'ai là deux cent mille francs, deux cent mille francs
pour mes héritiers, c'est peu de chose puisqu'ils sont très
riches, je vais les employer à construire une église pour les
bons vieux, pour qu'ils puissent y pleurer les égarements de
leur jeune âge tout en retrouvant l'espérance du ciel, le contentement et le bonheur.

Maintenant, bon électeur, bon bourgeois et bon ouvrier
comprends-tu l'ineptie du conseiller municipal se moquant de
de toi, proposant avec l'argent de l'Eglise des Petites Sœurs de
faire des rentes, n'est-ce pas un vol manifeste qu'il eût fait,
attendu que les vieillards ne jouissent que du fait de la
construction. Le capital ayant été dispersé dans tout le
peuple pour lui donner du travail, de l'aisance. Voilà ce
qui met la rage au cœur des radicaux et pourquoi ils emploient
tous leurs efforts pour rendre odieux le Christianisme produisant de tels résultats, le traînant dans la boue, accablant de
mépris ceux qui le soutiennent ; fussent-ils légitimistes, or-

léanistes, bonapartistes ou républicains, ils n'en seront pas moins traités de réactionnaires, de jésuites, de cléricaux, de goupillons, d'hommes de sacristie et d'éteignoir.

En attendant que nos bons radicaux veulent me montrer autre chose que de la blague, du bavardage, des promesses, des ruines, le démembrement de la patrie, des impôts nous écrasent, et tous les enfants de la France sont soldats.

Je continue ma narration appuyé sur des faits irrécusables, tout en défiant ceux qui prétendent nous conduire de mettre rien en parallèle autre que des ruines, puisque leur but tend à détruire la religion.

Un homme de bien vient s'établir avec sa famille à Boulogne, parvis Notre-Dame, où il avait loué des appartements. Cet homme était chrétien et chrétien de fait, ce qui veut dire ami du Christ et bienfaiteur de l'humanité. C'est pourquoi il allait tous les jours à Notre-Dame dilater son cœur dans son sanctuaire et prier pour sa famille, sa patrie et la France qu'il habitait, car notre homme était anglais ainsi que sa femme et ses enfants. Nonobstant cela, voyant une grande population sans église et inspiré par la Sainte-Vierge, comme M. Auguste Adam, il s'est dit: je suis riche, ce que je ferai pour les pauvres et le peuple, Dieu m'en tiendra compte. Je vais donc prendre sur ma fortune plusieurs centaines de mille francs pour doter Bréquerecque d'une église, presbytère, etc. J'aurai le plaisir d'en doter le pays avec la satisfaction d'en répandre le capital dans les mains de tous les ouvriers, depuis le terrassier jusqu'au couvreur pour les aider à nourrir et élever leur famille, tout en leur faisant voir que tout ce que ces journaux impies et orduriers disent contre la religion leur est inspiré par Satan dont ils sont les satellites.

Ils verront, en outre, que la Religion est l'apanage de tous, qu'elle fait de tous les hommes des frères, que ce n'est pas pour mes compatriotes que je répands ces sommes immenses, mais pour des chrétiens, car le chrétien fait le bien où il le trouve à faire, sans s'inquiéter si c'est pour des Français, des Anglais, des Italiens ou autres. L'église est la maison de tous et Bréquerecque n'avait pas d'église, mais grâce à la protection de Marie, qui a inspiré ce généreux chrétien, ses habitants peuvent aller louer, adorer, remercier Dieu des faveurs qui leur a accordées en le priant surtout de faire voir au peuple que les radicaux le trompent avec toutes leurs utopies. Ces hommes ne peuvent que détruire, étant dans l'impuissance de rien édifier, sans charger le peuple d'impôts ou faire payer un octroi au pauvre père de famille dont la femme vient d'accoucher, à laquelle le médecin a ordonné un bouillon de poule pour la rafraîchir, lui fortifier le sang et lui permettre d'allaiter son petit enfant.

Que ceux qui se flattent d'être radicaux dans le Conseil municipal viennent donc me prouver avec leur jactance, que ces trois hommes mus, conduits et dirigés par la religion dont ils étaient les disciples, bâtissant des églises, dépensant des sommes immenses pendant de longues années et dont le capital énorme a été dispersé dans les mains de tous les habitants pour y répandre l'abondance, n'ont pas été utiles. Qu'ils viennent donc me dire que la religion n'est pas favorable au peuple, puisqu'il en est parmi eux, ne se faisant pas faute de la souffleter, qui pourraient dater le point de départ de leurs prospérités des bienfaits qu'ils ont reçus d'elle.

Allons donc, mes braves libres-penseurs, un peu de bonne foi et convenez avec moi que la Religion est un grand bienfait, qu'elle a versé des sommes énormes dans les mains du public, qu'elle est indispensable puisqu'elle ne fait que du bien autour d'elle. Ce que vous ne pouvez nier, cacher ni empêcher, à moins de la faire disparaître, et si vous aimez le peuple comme vous le dites, ne l'affirmez pas, ne lui coupez pas les vivres, puisque le commerce se plaint et qu'une foule d'ouvriers et commerçants y trouvent leur bien-être et devront pour vivre faire la concurrence aux autres industries. Allons, allons ! mes bons amis, faites bobo, on ne vous fera pas pour cela aller à confesse !

L'œuvre réparatrice de Notre-Dame de Boulogne, dont le dôme s'élevait majestueusement dans les airs, fut de nouveau consacrée au culte. L'homme simple, actif, désintéressé, ayant montré au monde étonné, le prodige que la Foi seule, lui avait fait opérer sans fortune, son œuvre était terminée matériellement. C'est pourquoi voulant y mettre le sceau qui est la sanctification de l'âme, il inaugura cette série de pèlerinages dont les échos devaient plus tard se répercuter par toute la France et l'Europe, en faisant accourir de Paris, Amiens, Abbeville, St-Omer, la Belgique, Londres et tous les environs, cette foule de pèlerins qui ne discontinue plus, donnant du mouvement et de la vie tout en faisant circuler l'or dans les artères de la cité au point que les édiles jaloux que quelques marchands forains étrangers en avaient leur part, (la foire d'été tombant dans la première semaine des pèlerinages), voulurent-ils, la changer afin que les habitants de la ville seule pussent en profiter ; alors d'autres intérêts se trouvant lésés, ils durent la remettre comme elle était avant.

Peut-être la Providence le permit-elle pour faire voir aux marchands ambulants et forains que la religion, que la radicaille voudrait supprimer, ne laisse sur son passage au milieu des populations que des bienfaits moraux et matériels et qu'en y touchant, c'est à eux et au peuple qu'ils s'attaquent en faisant disparaître un capital donné volontairement et qu'ils seraient impuissants à remplacer.

Voilà des faits évidents qui vous coupent la chique, braves libres-penseurs et vous font faire le muet à l'occasion des pèlerinages, sans cependant désarmer votre haine, laquelle s'attaque dans vos journaux avec tant de fureur et de véhémence contre le clergé et tous les honnêtes gens de quelques opinions qu'ils soient, lesquels du moment qu'ils pratiquent la religion et tiennent pour l'ordre sont traités par vos journaux de cléricaux et de papistes, etc. Ils savent, les fins renards, que s'ils supprimaient la cause, les effets ne se produiraient pas et que le peuple finirait par apercevoir, que toutes leurs flatteries et leur bavardage ne sont que de la flûte pour l'endoctriner et le rendre stupide ; car que font les pèlerinages ? Y a-t-il un spectacle plus grandiose et plus émouvant que ces convois de Français, Belges et Anglais, sillonnant la France dans toutes les directions, répondant l'admiration et les bienfaits sur leur passage, en faisant naître de nombreux adhérents, désirant faire partie d'un nouveau convoi ? Là, point de blasphèmes, de querelles, ni de mauvaise humeur, le bonheur, la paix, la prière et l'espérance ; il faut en avoir fait partie pour s'en rendre compte et voir le contentement que la famille éprouve au départ de l'un de ses membres pour un de ces pèlerinages lointains, et la satisfaction des voisins allant le féliciter sur la faveur qui lui est faite, le priant de se souvenir d'eux dans ses prières tout en regrettant de ne pouvoir l'accompagner, lui souhaitant un bon voyage et un heureux retour.

Voilà des faits moraux, indiscutables, troublant le cerveau et aigrissant la bile de nos libres-penseurs impies, lesquels n'ont pas la force ni le courage de pratiquer cette religion sainte, qui fait tant d'heureux en mettant la joie, le bonheur et le contentement dans les familles, car elle les plaint et prie pour eux· Ils sont bien à plaindre les malheureux dans leur ignorance et leur lâcheté ; ils me font l'effet de ces galeux où plutôt de ces paresseux abrutis livrés à leurs passions, croupissant dans l'ordure et rongés de vermine. Ils voudraient que tout le monde leur ressemblât, car ils sont honteux eux-mêmes. Si tous les gens tarés ne peuvent voir de bon accueil la Religion qui les condamne, les radicaux, eux, dans leur haine féroce, voudraient la supprimer et tout ce qui y tient, car ils savent qu'il n'y a qu'elle pour mettre obstacle et entraver leurs desseins destructeurs En faut-il d'autres preuves que les efforts désespérés qu'ils font pour l'anéantir, car il est de toute évidence que la religion, la religion seule est faite pour le peuple et est l'amie du peuple, en donnant asile et en élevant tous ses orphelins et les instruisant. Sa sollicitude suit l'homme dans toutes les conditions de la vie, pour lui faire éviter les écueils cachés sous ses pas afin d'être le phare qui l'éclaire dans sa route et l'empêche de s'égarer.

Si l'enfant, l'homme mûr, sont l'objet de ses soins, quelle n'est pas sa tendresse pour ces pauvres vieillards, abandonnés, traînant une vie misérable, maudissant le sort et peut-être la société qui les abandonne ? ne les recueille-t-elle pas, ne leur rend-elle pas la vie douce en leur redonnant l'espérance et le bonheur ? Si vous en doutez, braves basiles, montez au Dernier-Sou, à l'asile des Petites Sœurs des Pauvres, et là vous en verrez plus de cent cinquante, de ces vieillards qui leur doivent tout et se trouvent heureux de terminer leur existence sous l'égide de Notre-Dame de Boulogne Montrez-moi donc un fait semblable entre mille dans toutes les utopies et rêveries de vos saltimbanques modernes, et si vous ne pouvez rien nous montrer d'équivalent, vous êtes donc des charlatans qui nous trompez et vous moquez de nous pour avoir notre argent !

CHAPITRE III.

—

Grenoble, Nantes et l'Aumônier.

On a vu plus haut les faits matériels dans la construction de Notre-Dame, Bréquerecque, les Petites Sœurs des Pauvres et autres, versant au nom de la religion, des capitaux énormes dans le pays et y répandant l'abondance On a vu, en outre Boulogne être le prélude de tous ces pèlerinages nationaux que nos libres-penseurs n'ont pas essayé d'enrayer à Boulogne, attendu qu'ils n'en prév aient p la conséquence, laquelle

allait être encore une nouvelle mine féconde de prospérité pou
la ville et devait rejaillir sur la religion, en la faisant aimer ;
aussi en ayant vu les effets, ont-ils fait le mort pour ne pa
s'aliéner la population dont ils eussent atteint et comprom'
les intérêts matériels ! Mais quand vint le pélerinage nation
de Notre-Dame de la Salette en 1872, là ce n'était plus un
région, c'était toute la France qui y était conviée, il pouv'
s'en former d'autres à Lourdes et ailleurs, il fallait à tout pr'
y mettre obstacle et les empêcher de se généraliser. Aussi
mot d'ordre fut-il donné sur toute la ligne pour les entrave
efforts stériles ! Aussi les hommes courageux qui l'entreprire
ne se firent-ils pas illusion ; mais, confiants dans

> Celui qui met un frein à la fureur des flots
> Et qui sait des méchants arrêter les complots,

partirent-ils sans crainte, bravant le courroux de ceux qui
eussent voulu les voir précipités dans l'Isère. J'ai vu moi-mêm
le regard féroce et menaçant de ces braves radicaux, j'ai vu, s
la place Grenette à Grenoble, mes compagnons culbutés, j'a
entendu les invectives qu'on nous jetait à la tête ; to
cela était prévu et ne nous a nullement étonné, nous étio
l'avant-garde ; il fallait marcher quand même, persuadés qu
nous allions tracer la voie à des milliers de pélerins, qui,
comme nous, braveraient toutes les calomnies et affirmeraient
ainsi leur foi à la face de l'univers, étonné qu'un siècle apr
la mort du patriarche de l'incrédulité, auquel on a élevé un
statue à Paris, nous pussions encore affirmer notre foi
brandir humbles, mais intrépides, l'étendard du Christ !

Il peut encore y avoir des chrétiens en France et des chrétiens
fervents, montrant la force, la vitalité et les bienfaits de ce
christianisme aux abois et agonisant, suivant l'expression de
ces voltairiens radicaux, ennemis de l'humanité.

Le pélerinage de la Salette rentra donc à Paris le 23 ou le
24 Août, la joie au cœur, après bien des fatigues, des tracas et

des embarras. L'essor était donné ; d'autres pélerinages furent organisés, mais cette fois ce n'était plus pour la Salette ; l'impossibilité de faire arriver de nombreuses foules de pélerins, en même temps étant démontrée par le manque de voitures pour les conduire en corps, (car le trajet jusqu'à Grenoble est de 60 et quelques kilomètres, sans compter les deux ou trois heures de marche qu'il faut faire à pied ou à dos de mule pour gravir la Sainte Montagne) : ce fut sur Lourdes où des trains entiers pouvaient de pied ferme arriver, qu'on se dirigea.

Le premier train partit donc, il eut comme le nôtre l'honneur des grognements, des railleries de la radicaille et l'anathème de leurs journaux, et n'en continua pas moins sa route majestueuse et féconde à travers la France tout en faisant naître le désir et la volonté d'imiter ces pélerins, car l'exemple en bien comme en mal est contagieux.

C'est pourquoi, à leur retour à Nantes, nos libres-penseurs leur firent une odieuse manifestation avec les honneurs de la bousculade, comme à nous à Grenoble, afin d'y mettre la terreur et de les empêcher de recommencer ; mais, vains efforts ! si les premiers allèrent en tremblant sans cependant être effrayés, ceux-ci enhardis, l'élan étant donné par le courage des autres, ne redoutèrent rien et reçurent avec joie les insultes qui leur furent prodigués à cette occasion, semblables au soldat qui, ayant reçu une balafre au visage dans un combat, la montre avec orgueil.

A dater de cette époque, les pélerinages furent constitués sur une grande échelle malgré la rage des impies, qui allaient être obligés de faire le mort comme ceux de Boulogne ; car, un pélerinage aide à sanctifier ceux qui les font tout en édifiant les autres. Le nerf de ces voyages lointains étant l'argent, que de millions ces centaines de trains traversant la France dans toute son étendue répandaient sur leur parcours ; les chemins de fer faisaient des recettes fructueuses dont profitaient les actionnaires, en outre les marchands de comestibles, les maîtres d'hôtel, les fabricants et débitants d'objets religieux, enfin une foule d'ouvriers maçons, tailleurs de pierres, charpentiers, occupés à construire des hôtels, des habitations et des sanctuaires dignes de ces pays privilégiés. La population s'élevait par enchantement dans le travail, la prospérité et l'aisance, et cela sans grever le trésor et augmenter les charges des contribuables.

Allons ! arrivez donc, radicaux, libres-penseurs, voltairiens, écrivassiers impies et orduriers avec tous vos systèmes, vou disant amis du peuple et voulant l'affâmer, car il vous est impossible de vous même de rien mettre à la place de ce que vous voulez supprimer ; vous dites que le commerce ne marche pas et vous prétendez le faire marcher en mettant une foule de gens sur le pavé (par l'effet de votre haine), gens qui devront pour vivre et élever leur famille faire la concurrence aux autres industries, lesquelles produisent déjà plus que la consommation et font que le pays et les familles sont en souffrance.

Je sais que la famille ne les occupe guère, il en est beaucoup qui n'en ont pas et qui aiment mieux faire comme les coucous; cela est plus commode, camarades, et demande moins de sollicitude ; aussi, peuple, crois ces hommes qui veulent te ravaler au-dessous de la brûte !

1870 est-il donc si éloigné de toi que tu aies déjà perdu le souvenir du temps où ces avocats qui s'étaient emparés du pouvoir par surprise profitant des malheurs de la France, envoyaient tes enfants à la boucherie avec des armes de rebut, parqués dans la boue comme de vils animaux, à peine vêtus, ayant des souliers avec des semelles de carton, tout cela payé bien cher avec l'argent des contribuables. Voilà des récents bienfaits pour ouvrir les yeux et juger de l'intérêt qu'ils te portent.

L'année dernière n'a-t-on pas vu à la Chambre des députés, de misérables radicaux vouloir supprimer les aumôniers dans la troupe : le seul ami sur qui ton enfant arraché à ta tendresse pour le service de la patrie puisse compter, lequel ami affrontera la mort librement et joyeusement pour lui porter secours. La ville de Boulogne ne doit-elle pas être heureuse et fière de pouvoir montrer à la France un de ces actes de dévouement dans le fils d'un de ses habitants les plus honorables qu'elle a eu il y a quelques années la sagesse de nommer député ; tué sur le champ de bataille, allant au milieu de la mitraille secourir ton enfant, bonne mère ! et qui t'as dit que la mitraille qui l'a tué et s'est logée dans sa poitrine, n'eut pas tué ton enfant en trouvant le passage libre là où son dévouement l'avait fait mettre quoique possédant tout ce qu'il faut pour être heureux, santé, jeunesse, instruction, fortune ?

Voilà des faits réels, positifs, ce n'est plus ici de la jactance d'avocats ni du charlatanisme de radical et de journaliste, voulant supprimer une cause produisant de tels résultats, et ils ont l'audace et l'effronterie de dire qu'ils sont les amis de l'humanité ! Montrez nous donc vos œuvres, tas de menteurs, et si vous n'avez que des ruines à nous montrer, cachez-vous, rentrez dans votre tannière et faites comme le renard échappé d'un piège, il rentre précipitamment dans son trou, éperdu, mais ayant laissé sa queue.

La mort du fils de M. Gros, tué sur le champ de bataille en allant secourir les blessés, ne peut être attribuée à l'ambition ni à l'amour de l'argent puisqu'il était riche et que l'aumônier n'a que le petit nécessaire pour subsister. Serait donc bien aveugle et barbare celui qui viendrait contester ici son utilité. La haine de nos radicaux se montre donc dans toute son évidence contre le peuple et le catholicisme, car si l'économie avait été leur mobile, ils eussent dit : « Voyons, nous aimons le peuple, nous sommes environ 500 députés, abandonnons la moitié de notre traitement, ce ne sera pas une centaine de mille francs d'économie, mais des millions restant dans les mains des contribuables, ou bien pouvant être employés plus utilement ailleurs. » Abandonner le tout serait évidemment mieux puisqu'en France, il n'y a pas encore trente ans, ils n'étaient pas payés et la

France ne s'en portait pas plus mal et en outre, parce que les pays où la représentation est gratuite, sont prospères et calmes ; aujourd'hui le tempérament de la France ne comporte plus cela. Il est impossible de supprimer le tout, il va de soi que la République ne pourrait exister, la fibre republicaine devrait se rompre, les compétiteurs n'ayant plus d'aliment pour exciter leur ambition devraient se coucher à l'ombre, l'agitation et la tempête feraient place au calme et le soleil radieux dissiperait les brouillards malsains et pestilentiels qui s'élèvent sur le sol de la république ; mais malheureusement pour le poisson, le brouillard est nécessaire pour que le matelot puisse le surprendre et l'attraper !

Maintenant, dans la détresse de la France, conserver leur traitement intégral et parler d'économie, n'est-ce pas de la part de ces gens se moquer audacieusement du peuple et faire voir qu'ils ne sont que des parasites qui ne veulent satisfaire que leur ambition. Le supprimer totalement ce serait faire le vide dans les rangs des républicains, dont beaucoup diraient : « moi, travailler sans de grands gains pour le bien du pays et le bonheur du peuple ! Que la république s'en aille à tous les diables, je ne suis plus républicain !

CHAPITRE IV.

L'Avocat ayant mis la Confession sous ses pieds pour s'enrichir plus vîte.

D'où il résulte que les républicains et les avocats ne travaillent pas pour l'amour de Dieu, et qu'il n'est pas de plaideur qui se soit tiré des mains d'un avocat les braies nettes et souvent s'il le croit, il s'expose à se faire ruiner. Voici un petit exemple qui a eu lieu dans un département, venant bien à point soutenir mon dire. Un anglais, résidant près d'une ville avait pour voisin un radical, je ne sais s'il était cordonnier ou d'une autre profession, toujours est-il qu'il ne voyait pas de bon œil son voisin qui se promenait tous les jours, pendant que lui était obligé de travailler pour vivre. Il lui prit un jour fantaisie d'aller avec sa femme chez l'anglais lui donner une bonne rossée ; l'anglais s'échappa des mains de ces forcenés et alla trouver un avocat pour lui conter son aventure, afin de les faire punir et d'empêcher que de semblables faits se renouvelassent.

L'avocat l'ayant entendu, prit une prise de tabac : « c'est grave cela, dit-il, il y a de la prison ; nous ne sommes pas en pays sauvage, la France vous doit protection ; il faut le traduire au tribunal, je vous défendrai, je me charge de le faire mettre en prison pour lui ôter l'envie de recommencer. » L'anglais laissa donc toute l'affaire à l'avocat et s'en retourna chez lui, satisfait de la bonne fortune qu'il avait eue de trouver un homme aimable, si complaisant et si dévoué pour ses intérêts.

L'affaire vint enfin au tribunal, je ne sais si elle fut jugée à la première, deuxième ou troisième audience ; toujours est-il que celui qui attaquait avait du beurre et que l'avocat aimait la friture ; il chercha donc à avoir le plus de beurre possible, et notre batailleur sans le sou, fut enfin condamné à trois mois de prison et aux frais ; les frais ne le gênaient guère, puisqu'on ne pouvait rien lui prendre. La prison c'était autre chose, il fallait payer de sa personne ; aussi rappela-t-il à la Cour pour faire casser le jugement du tribunal, et cela peut-être à l'instigation de l'avocat de l'anglais ; car l'affaire s'arrêtant à la troisième audience, l'avocat perdait la meilleure partie du fricot. La cour donc, trouvant la peine exagérée, supprima la prison, lui laissant seulement les frais à payer. Comme il était insolvable, l'anglais dût se débrouiller seul et payer les avocats, tout en s'apercevant qu'il avait été le jouet d'un adroit filou qui l'avait fait dévier de sa route pour le dépouiller à l'aise ; car il n'ignorait pas ce fripon éhonté, que l'anglais qui avait été attaqué chez

lui n'avait qu'une simple plainte à faire au procureur de la
République ; l'agresseur n'ayant pas le sou, le gouvernement
devant aide et protection à tous ses sujets, par conséquent l'in-
termédiaire était inutile, ce que notre avocat s'était bien gardé
de dire, car il n'eut eu que cinq ou dix francs pour sa consulta-
tion, somme plus que suffisante pour dire vous n'avez qu'à
porter plainte au procureur, pas un centime à dépenser et on
vous rendra justice : voilà ce qu'un avocat consciencieux eut fait,
malheureusement cet avocat affable, complaisant et dévoué,
était libre-penseur, or pour ces gens, il n'y a ni bien ni mal,
tout est permis pourvu qu'on puisse se garer des gendarmes.

Il trouvait à faire passer dans sa bourse de trois à quatre
cents francs en en faisant dépenser le double à son client par
ses ruses et ses mensonges, sans le moindre danger pour lui,
étant par son privilège d'avocat, constitué défenseur de ceux
qui ont quelques droits à faire valoir devant la justice. Ainsi,
tu vois, brave Français, quel bourbier et quel fourré de ronces
et d'épines il te faut traverser pour arriver à te faire rendre
justice, et si tes souliers et tes vêtements ne doivent pas être en
lambeaux avant que tu aies raison, car mon père me disait
toujours que si on venait me prendre mon chapeau, il valait
mieux le laisser emporter que de plaider pour le ravoir, qu'au lieu
d'un j'en eus perdu deux ; aussi voilà donc le Français sous le
monopole de l'avocat, et par suite, quand celui-ci est libre-
penseur, obligé d'abandonner ses griefs et de se laisser dépouiller afin de ne pas les aggraver ne pouvant faire autrement que passer par ses mains.

Je vais faire ici un rapprochement qui n'est pas sans analogie
avec l'avocat de l'anglais : un voleur s'introduit dans ma
maison, fracture mes meubles, brise mon secrétaire, m'occa-
sionne 5 ou 6 cents francs de frais pour me prendre 3 cents
francs ; il n'est pas coupable suivant la libre-pensée, puisqu'il
n'y a ni bien ni mal et attendu qu'il n'est pas connu, c'est un
homme adroit, voilà tout, il peut donc marcher la tête haute

sans scandaliser personne ; en est-il de même de la farce jouée par l'avocat de l'anglais ? Celle-là, tous les voisins peuvent la voir et l'apprécier, quoiqu'elle ne tombe pas sous l'action de la loi. N'y a-t-il pas un homme indignement trompé et volé, auquel il cause un grand préjudice pour s'enrichir plus vîte, ne viole t-il pas d'une manière formelle la loi divine à laquelle il n'échappera pas, tout en outrageant et révoltant la conscience des honnêtes gens qu'il appelle dédaigneusement des cléricaux.

Cet exemple tombé entre mille sous ma plume étant déjà peut-être connu d'une partie de ceux qui me liront doit suffire pour faire comprendre au pays le danger qu'il court en mettant à sa tête des hommes sans foi ni loi, ne connaissant autre chose que leur instinct matériel et bestial et voulant à tout prix le satisfaire, plus malheureux en cela que l'animal au long museau, qui, ayant la panse pleine arrête ses dévastations et s'endort, car la haine, l'avarice, l'ambition et le désir de domination ne sont pas de nature à troubler sa digestion comme à nos radicaux dont le but évident serait d'avoir un troupeau d'esclaves à conduire : qui veut entendre, entende.

Je ne puis faire dans ces quelques pages l'histoire de mon malheureux pays, courbé sous le joug des avocats, mon intention n'est que de constater par des faits irrécusables, que la religion est l'amie et la protectrice du peuple, que quand nos avocats républicains et radicaux veulent le dominer et le rendre esclave, c'est à la religion qu'ils s'attaquent en lui faisant dans leurs journaux une guerre sourde jusqu'à ce qu'ils puissent l'écraser en descendant dans la rue.

On voit par là qu'il y avait de la logique dans les **363** de la dernière Chambre, voulant supprimer le budget des cultes et les aumôniers, ils nous donnent un indice pour apprécier les faits et gestes de leurs imitateurs. Inutile d'en dire plus, on voit de suite où tendent les efforts du journal garance de la localité, inspiré par les radicaux pour mépriser et calomnier les honnêtes gens qui n'ont pas sa manière de voir ; il semble dire que leur place ne doit pas exister sous le soleil, pas plus que celle des prêtres et de la religion qu'il tourne en dérision. Voilà pourtant le journal que des parents honnêtes laissent venir dans leurs maisons, et après ils seront bien venus à se plaindre que leurs enfants deviennent impies, débauchés, libertins et qu'ils ne les respectent plus.

Laissons là cette discussion et revenons à Mgr Haffreingue, dont l'œuvre grandiose et mémorable, l'église de Notre-Dame de Boulogne, était terminée matériellement et rendue au culte. Il était là, vieux, bénissant la Providence d'avoir été choisi pour tirer de ses ruines ce temple auguste, élevé autrefois par la Société de nos pères et détruit par les Vandales de 93, dignes aïeux de nos radicaux modernes. Il voyait, en outre, l'œuvre des pèlerinages grandir où les populations venaient en foule retremper leur foi, apportant la vie et l'argent dans le pays, argent qui venait bien a point remplacer celui qu'il ne pouvait plus donner, et il voyait arriver dans le calme et la paix le terme de son existence. Il mourût pour aller recevoir dans le ciel la récompense promise au bon et fidèle serviteur ; sa mort fut un grand vide dans le pays. Néanmoins la Providence permit que ce qu'on regardait comme une calamité et une grande perte pour la contrée, fut un grand bienfait pour les ouvriers en ouvrant des travaux immenses et grandioses devant donner dans ces années calamiteuses du travail dans tous les alentours.

Les jésuites prirent possession de l'établissement de Mgr Haffreingue, où une foule de jeunes gens inconnus jusqu'à ce jour vinrent de toutes les parties de la France recevoir une instruction saine, solide et intelligente, sous des maîtres instruits, dévoués, et désintéressés ; en faut-il d'autre preuve que la rage et les invectives de ces journaux radicaux voulant leur refuser leur place au soleil ; et s'ils n'étaient pas désinté-ressés est-ce qu'ils dépenseraient des centaines de mille francs et même des millions pour faire vivre les ouvriers ?

Ici, j'ai besoin de donner un nouveau coup de herse à mon labour, car un cultivateur intelligent, quand il y a beaucoup d'ordures dans sa terre, la herse à différentes reprises pour la nettoyer entièrement.

Ah non, non, ils ne les dépenseraient pas, ils les cocheraient, ils feraient comme les purs, les bons républicains, ils se feraient des rentes ! On sait s'il y en a beaucoup à Paris qui connaissent ça de première main, et Boulogne n'est peut être pas en arrière sous ce rapport, car il y en a jusque dans le Conseil municipal qui en reconnaissent l'utilité, puisqu'un membre disait qu'on aurait dû en faire avec l'argent de l'église des Petites Sœurs des Pauvres, don précieux que la foi d'un homme généreux et l'amour de l'humanité ont fait jaillir, et où deux cents familles allaient trouver le pain quotidien ; et s'il n'avait perdu sa boussole il eut vu que c'était un vol manifeste fait aux ouvriers ; que quelques vieillards en plus ou en moins n'y ferait rien, quoiqu'il refusât son obole ; que les Petites Sœurs des Pauvres savent invoquer. Celui qui nourrit les petits oiseaux des champs. N'a-t-on pas la preuve évidente qu'il ne les laisse pas dans l'embarras ?

Malheureusement la boussole de l'édile se trouvait enrayée par sa haine contre la religion, sans cela il eut pu voir que l'humanité n'y jouait pas le principal rôle, que le dévouement prodigieux de ces jeunes filles quittant père, mère, amis, pays, fortune, pour aller nourrir, soigner, nettoyer des vieillards infirmes dans tout ce que la nature a de plus répugnant, leur procurant tout au jour le jour, sans rente ni budget, suffisant à tout, mourant à la tâche et remplacées immédiatement par d'autres, et apercevoir le ressort mystérieux et divin qui les fait agir, et dans son admiration remercier la Providence de montrer à ce monde aveugle, égoïste, affamé de jouissances les bienfaits de ce christianisme qu'on dit mort pour le traîner dans la boue avec plus de succès ; et au lieu d'aller dire au Conseil municipal qu'il ne leur avait rien donné laissant dans les limbes son action d'héroïsme, il serait allé, au contraire, avec bonheur leur en porter afin d'alléger leurs fatigues et pouvoir dire : j'ai fait une œuvre méritoire.

Mgr Haffreingue, mort, la ville devenue propriétaire de Notre-Dame, et les Jésuites installés dans sa maison d'éducation, ses collaborateurs n'ayant plus d'établissement et ne voulant pas laisser perdre le privilége que la maison de Mgr Haffreingue avait de fournir à l'église, tous les ans, un petit noyau de prêtres, instruits et dévoués, se réunirent tous et allèrent créer un nouvel établissement à Maquétra, peu distant de Notre-Dame, afin de l'avoir sous les yeux et jouir de sa protection, ayant vu le prodige qu'elle avait opéré sous son digne serviteur. Ils se mirent donc à l'œuvre, ne demandant aucun subside au gouvernement; il ne leur eut rien accordé: ce n'était pas un théâtre ! Ne pouvant rien par eux-mêmes, tout moyen humain leur faisant défaut, ils se réclamèrent donc à la patronne de Boulogne, et Marie fit délier les bourses sans être obligée comme le Percepteur d'envoyer des billets rouges et l'argent arriva abondant, librement, sans contraintes, à leur grande satisfaction, toujours à l'avantage de nombreux ouvriers allant de nouveau trouver la vie et l'abondance pour plusieurs années. Preuve certaine que tout l'argent et les capitaux que la religion fait surgir ne sont versés que dans les mains ouvrières; après cela, juge, Peuple, si ceux qui parlent contre la Religion et veulent te la faire détester sont des amis ou des ennemis !

Cette construction a eu pour résultat de verser dans la population de deux à trois cent mille francs tout en dotant le pays d'une nouvelle maison d'éducation. La crainte chimérique que les nouveaux maîtres avaient sur le voisinage des Jésuites ne leur fit aucun tort, car ils recrutaient leurs élèves en dehors de la région ; au contraire, leur maison ayant pris le titre spécial de Petit Séminaire, en fournit quatre fois autant et durent même augmenter leurs bâtiments pour loger les nombreux élèves, impuissants encore dès longtemps à combler les vides du sacerdoce dont les bienfaits se font sentir jusque dans les plus humbles villages.

CHAPITRE V.

—

Un Cocher pas si malin que l'Avocat de l'Anglais puisqu'il parle et travaille contre lui.

A cette occasion, je rapporterai le trait suivant : un jour j'étais à la Capelle, chez M. Beaurain. Survînt un cocher avec sa voiture prendre du tabac ; étant pour me retourner tandis que lui s'en allait à Boulogne, il me demanda si je voulais monter sur le siége avec lui, qu'il m'eut descendu à la route de Pernes. J'acceptai et nous partîmes. Arrivés devant l'église dont on construisait la tour, il me dit d'un ton ironique : *en v'là cor un ed chés curés qui remue tout, on devrait balayer tout ça.* Je répondis indigné : oh, mon ami, vous allez trop vîte ! — qui êtes vous donc ! je suis cocher, parbleu ? vous n'êtes donc pas rentier ? non, je suis ouvrier. — Vous n'aimez donc pas les ouvriers ! Oh pardon, je les aime puisqu'ils sont comme moi obligés de travailler pour gagner leur vie et je suis toujours disposé à leur rendre service. Voyons, dites moi si vos paroles ne se contredisent pas et soyez de bonne foi ; M. le curé va dépenser huit à dix mille francs, je suppose, ce n'est nullement l'argent des contribuables, c'est de l'argent qu'il a ou bien des dons volontaires, peu importe, qui va donc recueillir tout cet argent ? ne sont-ce pas les ouvriers ?

Vous voilà pris dans vos filets, mon ami, vous n'aimez pas les ouvriers ou bien vous haïssez M. le curé, de deux choses l'une, car rien ne vous autorise à dire du mal d'un homme que vous méconnaissez en présence de ses bienfaits et jugez ici ou cela porte. Les pierres sont extraites dans la commune, la chaux y est aussi fabriquée, le sable, le bois, enfin presque tous les matériaux en viennent, tous les ouvriers maçons et charpentiers sont aussi de la commune, par conséquent ce sont les habitants qui en recueillent tout l'argent, et si on dépense 40 à 50 mille francs pour l'église, qui en a profité autre que les habitants de la Capelle, qu'on a payés pour avoir le droit de leur en faire cadeau, et cet homme que vous blâmez, qui se dévoue, s'use à instruire des enfants, à visiter les malades, les infirmes. Les pauvres seuls savent ce qu'il fait pour eux, et l'élève de Mgr Haffreingue qui pendant plus de quarante ans a donné du travail à une quantité d'ouvriers pour construire cette Cathédrale, laquelle fait l'ornement, la prospérité de la ville et y attire beaucoup de visiteurs, vous donne à vous-même bien des courses que vous ne feriez pas, lesquels ne sont sûrement pas sans faire couler quelques pièces de cent sous dans votre bourse.

Tout n'est-il pas là, boulonnais, pour vous faire vénérer cet homme de foi et de dévouement et vous faire comprendre une fois pour toutes où sont vos vrais amis, puisque la Providence permet que le bien qu'il a fait vivant se perpétue dans ses successeurs avec plus d'abondance et de vigueur ?

Pernes ne vient-il pas naturellement prouver ma thèse ? n'a-il pas eu, lui aussi, comme la Capelle, l'immense avantage d'être dirigé et conduit dans la bonne voie par un de ses élèves ; qu'a-t-il fait lui encore et comment s'y est-il pris pour construire une église qui vaut plus de 50 mille francs, avec seulement 600 francs du Gouvernement et 900 francs de la Commune, où a-t-il eu cet argent ? cependant elle est là, debout, élégante, admirable, cette église ; sa flèche domine dans les airs, sa décoration et son ornementation intérieures captivent l'admiration et l'étonnement de tous les environs et en font une des plus belles de l'arrondissement. Je le dis ici avec orgueil puisque j'en suis propriétaire au même titre que tous les autres habitants de la Commune, et tout cela par les soins, les fatigues, les peines et les travaux du digne prêtre que la Providence nous a envoyé il y a près de 50 ans pour nous diriger et nous faire aimer cette religion qu'il représente, laquelle produit de tels résultats. Car ici qu'on le remarque bien encore une fois, c'est comme Mgr Haffreingue et ceux qui suivent ses exemples, c'est l'édifice qu'il donne et en plus l'argent qu'il a coûté à construire qu'il redonne aux habitants.

La maison de Ringot, charron, qui est là devant nous, me fera comprendre ; il est locataire de M. Chivet, qui lui dit : tiens, je t'aime, je te fais cadeau de la maison que tu occupes et pour te prouver que je t'aime, que je veux ton bien et que tu me crois, je te donne encore l'argent que toute la construction m'a coûté, ce qui te donnera un peu d'aise afin que ton travail aidant tu puisses bien élever ta famille, bien instruire tes enfants, veiller sur eux, qu'ils ne fréquentent pas de mauvaises compagnies et ne se perdent pas, enfin en faire des hommes de bonne vie et mœurs afin qu'ils puissent rendre service à la société, tout en faisant ta gloire, ton bonheur et leur bien-être.

Maintenant il n'est plus nécessaire que je montre ici M. Lebègue, curé de Wimille, lui aussi élève de Mgr. Haffreingue, ayant fait construire dans le budget, église, presbytère, école à Equihen, et doté Wimereux aussi d'une église, d'une école et d'un hospice, sommes énormes que la religion et l'amour du peuple lui ont fait trouver pour verser dans les mains des ouvriers pour construire tout en édifices et ensuite leur en faire cadeau

En voilà assez je crois pour prouver que ceux qui insultent les prêtres et la religion, sont des gens trompés ou ignorants ou bien des individus tarés, scandaleux, puants, car l'homme qui se respecte, ne fut-il pas religieux, ne se permettra jamais d'attaquer une religion produisant de tels bienfaits pour le peuple ; il la favorisera au contraire. Vous voyez que je ne sors pas de mon canton pour constater des faits que vous pouvez vérifier vous-même, pour en faire votre profit, mon ami, puisque vous m'avez dit que vous étiez ouvrier et que vous aimiez les ouvriers. Nous arrivâmes à la route de Pernes, je lui donnai pour boire une bouteille de bière, je descendis le laissant continuer sa route tout en réflexions.

Je m'en retournai chez moi le cœur navré de voir mon pays livré sans défense à une presse impie et corruptrice, inspirée et dirigée par des avocats libres-penseurs, ayant le talent infernal de faire voir blanc ce qui est noir, et noir ce qui est blanc pour le tromper et s'enrichir à ses dépens, avec autant d'assurance que l'avocat de l'anglais, le flattant, l'adulant, lequel en fin de compte s'aperçut trop tard qu'il n'avait affaire qu'à un hardi voleur et un infâme frippon.

Ma route se continuait lentement sous ces pénibles réflexions. Je comparais mes chers compatriotes à ce malade en proie à la douleur dans le délire d'une fièvre brûlante se jetant et déchirant la main qui panse ses blessures, et je me demandais en outre où sont donc les hommes qui veulent tout accaparer et tout dominer. Qu'on me trouve donc un seul, oui un seul prêtre millionnaire dans toute la France ; ils ne sont certainement pas gênés pour faire arriver l'argent dans les mains des ouvriers puisqu'on peut s'en rendre compte par ce qui précède, et cependant ils sont tous pauvres, tout l'inverse de nos avocats qui ont le talent eux de le faire arriver dans leurs poches et de le garder ; aussi n'est-il pas nécessaire de traverser la France pour trouver des centaines d'avocats et journalistes millionnaires. Voyez-les autour de la Chambre où ils fourmillent pour participer à la curée des places, malheureusement trop peu nombreuses pour les satisfaire tous ; de là résultent l'agitation et les troubles du pays, et ce qu'on voit ce n'est plus l'aumônier se faisant tuer sur le champ de bataille ni dans l'infection des hôpitaux, ni le prêtre allant la nuit dans la boue et la neige porter les secours de la religion aux malheureux et se tuant dans les fatigues d'un ministère ingrat, et encore moins l'homme probe et civilisé puisqu'on en est arrivé à contester le bien et a en nier l'évidence, mais une bande d'oiseaux acharnés sur leur proie ou de sauvages traquant une victime pour s'approprier ses dépouilles.

J'arrivai à Pernes, m'essuyant le front quoiqu'il fît froid et que la route ne fût pas longue, tout émotionné et désespérant de mon pays, ne voyant plus que par les yeux d'une presse venale, impie et corruptrice, obligée pour satisfaire sa haine contre la société et la religion qu'elle abhorre, d'aller chercher ses calomnies et ses mensonges dans d'autres départements, pour ne pas qu'on lui fît un procès, comme vient d'en faire un si justement à la satisfaction générale le vicaire du Portel à un des journaux de la localité ; voilà pourquoi les faits faux et mensongers que ces journaux rapportent sont toujours forgés au dehors pour être certains de l'impunité et arriver par ricochet à salir les hommes de bien et les membres honorables d'un clergé dévoué et le rendre s'il était possible aussi puant que leur bave impure et dégoûtante.

Le Gouvernement laisse faire et ne s'émeut pas, il est assez aveuglé pour ne pas voir que c'est à lui et à la société tout entière qu'on s'attaque.

Oh ! aberration humaine ! oh ! aveuglement des hommes !

CHAPITRE VI.

—

Les Jésuites ! Les Jésuites !

J'ai laissé les jésuites dans l'ancien évêché, pour suivre les collaborateurs de Mgr. Haffreingue dans le nouvel établissement qu'ils s'étaient créé, procurant de nouveau du travail et de l'aisance aux ouvriers, et en outre l'immense avantage de recruter quelques élèves de plus au sacerdoce dépourvu ; laissons les continuer leur œuvre sociale et suivre la tradition de leur bienfaisant maître et examinons ce que c'est et ce que font ces jésuites, objets de la terreur et des malédictions de nos radicaux modernes, lesquels en font un épouvantail au monde qu'ils étourdissent et corrompent au moyen de mensonges et des calomnies de leurs journaux impies et voltairiens. Oh ! oh ! ce qu'ils sont, peuple, je vais te le dire ! tout l'inverse de nos radicaux libres-penseurs, ils ont une âme eux et connaissent la dignité de l'homme ; ils savent d'où il vient et où il va, ils ne le ravalent pas au-dessous de mon vieux chien galeux, ni de l'animal se vautrant et se couchant dans l'ordure en faisant ouoh : ils lui montrent son origine divine qu'il ne doit pas perdre de vue pour se conduire et se diriger à travers les écueils et les obstacles que les passions jetteront sur ses pas ; en un mot faire un homme libre, marchant la tête haute, commandant ses passions, adorant son créateur, et se rendant utile à l'humanité, non seulement par ses bienfaits, mais encore par le bon exemple et la bonne odeur que laisse une vie pure et sans tâche.

Voilà pourquoi ces Jésuites si simples, si modestes, cette vie de prières, de jeûnes, de mortifications ; cette science supérieure faisant la rage et le désespoir de nos philosophes voltairiens, ne pouvant lutter entre eux à armes égales, puisque ayant fait des cours comme eux, les jésuites se remettent à étudier encore sept ans avec une nouvelle ardeur, dans le calme, la paix, la solitude, loin des agitations du monde et du souci des affaires matérielles, quittant tout, père, mère, parents, amis, fortune et faisant vœu de pauvreté. On ne me dira pas ici, j'espère, que c'est par ambition, pour accaparer les places, les richesses et les honneurs, qu'ils mènent cette vie d'études et de fatigues continuelles. Cependant qui plus qu'eux est capable de les remplir ? leur vie pure et sans tache et leur intelligence supérieure ne leur en donne-t-elle pas le droit ?

Mais la grandeur de la Foi leur ayant fait connaître la sublimité de ce grand commandement de Dieu qui renferme tous les autres, « aimez Dieu, aimez les hommes » et voulant le remplir dans toute sa rigueur ; ont-ils embrassé avec amour cette vie de dévouement et de sacrifices, parce que connaissant le cœur humain et son amour effréné de jouissances des places, des richesses et des honneurs, ils ont compris qu'ils pouvaient sans inconvénient se retirer de la scène et laisser les places à ceux qui les désirent, dont le nombre va croissant au point qu'il n'est pas un avocat sans clients qui ne se croie apte au gouvernement et ne veuille être moins que Président de la République, ministre, ambassadeur, sénateur, député, etc.; de là la révolution en permanence, le pays livré en pâture à ces libres-penseurs rapaces et égoïstes pour se supplanter les uns les autres en bouleversant et agitant la France. C'est bien la fable du loup et de l'agneau lui troublant soi-disant son eau pour avoir l'occasion de le dévorer et tout le troupeau aussi.

Maintenant retournons un peu en arrière, remontons à la source et voyons la route parcourue pour mettre le pays dans la griffe de ces hommes avides, qui ne l'abandonneront que comme l'avocat de l'anglais, lorsqu'il n'y aura plus rien à mordre, ou bien que le pays désabusé ne songera plus à les repousser avec horreur.

CHAPITRE VII.

—

Où l'on va passer en revue celui qui a passé les autres.

Louis-Philippe ayant pris le trône de son cousin, son action puante et sa félonie révoltèrent les gens de bien, ils furent obligés de se retirer, comme ce n'était pas tant au bon Charles X qu'on en voulait qu'à la religion dérangeant tous les plans. Louis-Philippe voltairien était l'homme de la circonstance, il commença par faire jouer les ressorts de l'Université qui était alors sceptique pour battre en brèche la religion, laquelle seule pouvait mettre obstacle à ses desseins, car la religion étant la grandeur véritable, la paix, l'ordre, la justice, par conséquent le lien, l'appui et le frein qui retiennent la société sur ses bases et l'empêchent de sombrer dans le tourbillon des passions humaines

Louis-Philippe, avare et ambitieux, il lui fallait des passions, pour alimenter ses passions et comme conséquence faire disparaître ce qui y mettait obstacle. Son université était là bien à point pour seconder ses desseins, ayant accaparé la direction de la jeunesse dont aucun ne pouvait avoir un emploi dans l'Etat sans son cachet. A dater de cette époque l'esprit voltairien, matérialiste, libre-penseur, prit un essor si prodigieux, que beaucoup de fonctionnaires n'osaient plus aller à la messe et des catholiques étaient forcés pour ne pas perdre leur pain ou créer une position à leurs enfants de les mettre sous la direction d'hommes ayant presque tous le dessein de leur faire perdre la Foi en dénigrant le clergé et en employant tous leurs efforts contre l'instruction religieuse, donnant aux malheureux enfants obligés de subir leurs volontés, le matin, un professeur protestant, après midi, un juif, le lendemain, un libre-penseur, afin de troubler sa jeune imagination et qu'il ne puisse plus se reconnaître dans ce dédale, faisant de lui un être animal, ne voyant plus que la matière et l'os qu'on voudra bien lui donner à ronger jusqu'à ce qu'il puisse être assez fort pour dévorer le maître même qui le lui a donné.

L'histoire de ces temps là n'est-elle pas en deux mots le résumé de la situation actuelle. Qu'à gagné Louis-Philippe à rendre la France athée et incrédule, quelle affection a-t-il retiré de ses sujets en faisant mettre son buste dans les écoles à côté du Christ lorsqu'il n'en tenait pas la place seule ; n'a-t-il pas plutôt fait éclore une foule de vautours auxquels il n'a pu donner la pitance et qui l'ont dévoré ? Malgré les efforts d'une vie rusée et astucieuse, ayant pour ainsi dire mis la sagesse aux abois, vaincu toutes émeutes, fait enserrer Paris de forts pour sa défense personnelle, ayant une nombreuse armée pouvant défier tout effort humain, tout fut inutile. Si ces trois mots avaient suffi pour tracer l'arrêt de mort de Balthazar au milieu de ses festins, un seul mot, réformé, pour lui qui se disait quelques jours avant à Califourchon, sur son trône, avec tant d'assurance, suffit pour le faire sauver, comme un voleur, heureux dans sa fuite de trouver un petit bateau pêcheur qui voulut le conduire en Angleterre pour y trouver la sécurité et en même temps cacher sa honte. Triste fin de ce savant avare et ambitieux ayant tracé le sillon dans lequel patauge notre malheureux pays

Exemple frappant, faisant voir à ceux qui veulent voir qu'il est une puissance supérieure, se jouant des hommes et mettant à néant quand elle le veut les calculs et les plans les mieux combinés.

Allons, allons, radicaux libres-penseurs, continuez cette rage contre le clergé et la religion et vous verrez ce qu'il en adviendra. Otez Dieu, le religieux, le prêtre de l'école, remplacez cela par le buste de votre Marianne, mettez-y vos maîtres laïques, objets de vos prédilections comme Louis-Philippe, que vous payerez quatre fois plus cher avec l'argent des contribuables dont vous vous souciez si peu pourvu que votre Marianne vous donne du linge et du foin dans les bottes ; voilà le résumé de toutes vos utopies, qu'on les médite on verra si je suis dans l'erreur, puisque Louis-Philippe, homme de talent dont la science voltairienne croyait arriver par l'instruction à se faire des prosélytes, a eu un terrible mécompte et a pu méditer à l'aise en Angleterre des conséquences funestes de son gouvernement d'aventures dont l'irréligion avait fait éclore cette foule d'avocats libres-penseurs, qui dominent aujourd'hui le pays et l'exploitent avec tant de succès ; si le sage de l'époque avocassière a produit de tels résultats, les passions étant comprimées sous sa main, que produira l'époque actuelle où leur action est libre et de plus surexcitée par une presse malsaine s'attaquant à l'ordre et voulant démolir la société sous prétexte de progrès. Oui il y a progrès mais c'est dans le mal, le frein étant tiré, la rage radicale allant trouver sa victime est pire que la vipère, laquelle n'étant pas dérangée de son nid ne fait aucun mal à personne et garde son venin pour elle, et si on était jamais allé la déranger dans son trou, le monde ignorerait peut-être qu'elle fut vénimeuse et pût donner la mort, peut-être l'ignorerait-elle encore elle-même !

Peut-on en dire autant de nos radicaux modernes allant prendre les malheureuses victimes de leur haine barbare au sein de la famille, arracher de paisibles religieux de leur cloître, prendre de courageux militaires et de dévoués gendarmes, pauvres pères de famille pour les fusiller inhumainement, sciemment, froidement, sans faire attention s'ils font des orphelins, et en outre, promener la torche et l'incendie comme on vient d'en avoir un échantillon sous la Commune, pour avoir le plaisir de détruire. Voilà bien le tableau de l'homme sous l'empire de la libre-pensée dont le progrès en est arrivé à prouver qu'il est moins que le chien vu que celui-ci court plus fort et n'a pas besoin de vêtements, et dont la peau quand il est crevé est encore bonne à faire des gants ou des souliers si l'on veut ; en cela ils sont logiques, puisque l'homme n'a pas d'âme et qu'ils en font avec leurs principes un animal ; sous ce rapport le chien leur est bien supérieur.

Quoique le revers de la médaille soit affreux, puisque cet animal si bon, si intelligent, si utile et dont l'attachement à son maître le fait aller mourir de faim à sa tombe, a une maladie terrible portant l'effroi et donnant la mort à l'être qu'il mord et cela sans en avoir conscience, emporté par une maladie furieuse, épouvantable qu'on appelle rage, dont le nom seul vous glace de terreur A ce point de vue effrayant il est encore supérieur au libre-penseur radical puisqu'on peut l'éviter et qu'il est prouvé qu'il se trouve emporté par une force majeure malgré lui, lui faisant déchirer tout ce qu'il trouve sur son passage.

Maintenant je laisse nos impies libres-penseurs avec tous

les frères et amis dont les doctrines perverses sont faites pour les ravaler en dessous du chien enragé, puisqu'il est constaté qu'ils vont chercher leurs victimes volontairement dans leurs demeures pour en faire ce qu'on a vu plus haut.

J'ai laissé les Jésuites dans l'établissement de Mgr Haffreingue avec un nombre restreint d'élèves, le local étant insuffisant, mais sur les instances de nombreux pères de famille priant de prendre leurs enfants pour leur donner cette instruction saine et supérieure qu'eux seuls savent donner avec efficacité, puisqu'on en a la preuve dans tous les concours, où une grande partie de leurs élèves sortent avec les premiers numéros, et cela est si évident que des républicains, les détestant même, leur confient leurs enfants, certains qu'ils leur rendront des hommes instruits et capables, ils ont créé une nouvelle maison.

Les Jésuites pour satisfaire les désirs légitimes de ces pères de famille voulant soustraire leurs enfants au contact de l'Université, dont une partie des élèves à peine sortis de ses bancs, sont déjà devenus impies, libres-penseurs, ambitieux, rêvant révolution, en un mot radicaux, firent donc construire ces immenses bâtiments qu'on admire sur la route de Wimille, et versèrent pour ce fait un capital énorme dans les mains des ouvriers pour abriter cette foule de jeunes étudiants venant de toutes les parties de la France acquérir la science humaine dans sa plus haute expresion et nourrir leur foi sous l'égide d'hommes dévoués, pauvres et désintéressés, leur faisant comprendre par cela que l'homme n'est pas un animal, qu'il est autre chose au-delà de la vie là où toutes ses actions doivent tendre ; que si eux ont tout quitté pour instruire et éclairer leurs frères, c'est la religion et l'amour de Dieu qui en sont le mobile, qu'ils ne recherchent donc pas la richesse ni les honneurs, qu'ils savent que c'est de la frivolité qui ne satisfait pas.

Ayant droit par leur science supérieure aux plus hautes fonctions dans la magistrature, dans les ministères, dans l'armée et tous les hauts emplois ; s'ils méprisent cela, ce n'est pas

pour les exciter à en faire autant, il faut une vocation particulière
pour cela. Ils savent que les richesses sont bonnes, nécessaires
même ; qu'il est permis d'en acquérir honorablement par le
travail et l'économie, que les honneurs, les places sont dans
l'essence de la société et faites pour les hommes, lesquels sont
tenus de les remplir avec les devoirs imposés à chaque situation
afin que la société ne périclite pas et marche d'un pas assuré
dans le bien à l'abri du devoir, résumé fidèle de l'humanité.

Nous sommes ici en vérité bien loin des prétendus droits
de l'homme, de nos radicaux, lesquels ne sont qu'un appât
grossier mis sur un piège pour attraper les pauvres animaux
qui auront le malheur d'y toucher ; ici je ne dis rien de trop
puisque j'ai démontré plus haut qu'au point de vue de leurs
doctrines l'homme est en dessous du chien, même enragé.

J'ai beau retourner la pauvre humanité sur tous les sens
pour trouver ses droits, je ne rencontre partout sur son passage
que devoirs et obligations. L'homme, s'il veut vivre, est obligé
de manger, s'il ne veut pas aller tout nu il faut qu'il s'habille,
s'il veut être propre il faut qu'il se lave, si une puce le mord il
fera même des efforts pour s'en débarrasser, de même que s'il
veut se coucher à l'ombre il faut qu'il marche et cherche un
lieu où le soleil ne luit pas ; je comprends qu'il est libre
d'être mangé par les puces et se coucher à l'ombre, s'il le veut,
que cela ne regarde que lui ; néanmoins ce droit implique
encore un devoir, celui de manger avant de se coucher sous
peine de mourir de faim. On voit que le devoir prime ici tout,
et à plus forte raison, dans la vie sociale est-il plus nécessaire,
les obligations étant plus complexes dans les rapports journa-
liers d'individus vivant ensemble pour conserver la bonne
harmonie et s'entr'aider. Je ne vois là aucun droit, mais un
commandement formel, tu aimeras ton prochain comme toi-
même.

En attendant, bon radical, que tu puisses me montrer autre
chose que des devoirs aussi bien dans les états que chez les

monarques qui les gouvernent et les plus petits sujets obligés
d'obéir, montre donc toi, qui es si philanthrope, qui aimes
tout le peuple, ce que tu as fait pour lui, autre que des articles
de journaux et du bavardage d'avocats, insultant en charlatans
et en sauteurs de corde qui font un tapage infernal pour attirer
le public et avoir son argent, et si l'argent n'était pas le but à
attraper, est-ce qu'ils s'échigneraient à faire force contorsion,
sauts et grimaces ? Cet exemple doit suffire et faire voir que
cette instruction laïque et sans Dieu, qu'ils réclament à cors et à
cris, n'est qu'une réclame de charlatans pour faire de toi un
être animal et dégradé dont ils seraient les chefs grassement
payés pour te conduire comme un vil troupeau d'esclaves. De là
leur haine motivée contre les Jésuites, la Religion et tout ce
qui en dépend, que leurs chefs ont qualifiée à la Chambre des
Députés de lèpre dévorante.

CHAPITRE VIII.

—

La grande découverte avec le vermifuge.

Oh ! heureuse France, tu ne périras pas, puisque la Providence permet d'arriver à la tête d'hommes philanthropes ayant
découvert une maladie terrible, effroyable dont ils sont atteints
qu'ils nomment lèpre et dont les membres ulcérés dans des
douleurs atroces peuvent donner par le pus infect sortant de
leurs plaies gangrénées la contagion aux paisibles voisins.

O progrès ! O dévouement sublime inconnu jusqu'alors, que
des hommes attaqués d'une maladie honteuse ou même de la gale
vinrent l'annoncer du haut de la tribune pour que celà soit connu
de tout le peuple ; qu'il y a en France des hommes populaires
galeux ! défiez-vous, ne les touchez pas, ne vous servez de rien

de ce qui vient d'eux, livres, brochures, journaux, et vous serez en sûreté vous et vos familles, car leur haleine seule suffit quelquefois pour vous communiquer le mal, ainsi donc défiez-vous et tenez vous à distance ; voilà les conseils qu'ils donnent au monde et à vous en particulier, lecteur, ils font en cela comme un assassin voulant tuer sa victime qui,un révolver éclatant dans ses mains, se trouve tué lui-même.

Donc aujourd'hui plus de méprise possible, on sait où est le mal, puisqu'il y a en France plus de trente millions de catholiques contents et heureux de vivre sous les bienfaits que la religion leur procure, et qu'il n'y a que quelques milliers d'individus qu'on peut apercevoir tarés en les examinant de près, espèces de brebis galeuses ayant honte de se trouver au milieu de ces chrétiens dans cet état sale, dégoûtant et rongé de vices, car il est prouvé que ce n'est pas la religion qui leur donne cette lèpre hideuse dont ils souffrent, mais bien l'absence de religion qui la leur procure, et n'ayant pas le courage d'aller à cette religion qui leur tend les bras pour les relever du niveau bestial où ils croupissent, ils voudraient dans leur fureur la détruire et en faire disparaître jusqu'aux derniers vestiges, dût la société tout entière disparaître ; voilà, bonne France, comme les radicaux t'aiment et le bonheur qu'ils réservent à tes habitants.

Et Boulogne, Boulogne indigné ne gémit pas, ne frémit pas, ayant dans sa localité un journal garance, soutenant les mêmes hommes et les mêmes idées et voulant les imposer quand même à son honnête, paisible et laborieuse population, laquelle ne voit, ne touche et ne recueille que des bienfaits de la religion comme je l'ai démontré plus haut. Je défie nos radicaux libres-penseurs de me prouver le contraire en mettant leurs œuvres en parallèle, et tout homme de bonne foi fût-il irreligieux, n'y verra jamais que de la blague d'avocats saturés par la haine, le mensonge et la calomnie, passions mauvaises destinées à dégrader l'humanité, puisque en France tout ce qui est homme de bien, qui soulage les malheureux, qui sert son pays avec dévouement, qui élève bien sa famille, donne bon exemple et vit en bonne intelligence avec ses voisins, est traité par les radicaux de jésuites et de cléricaux et est considéré comme une lèpre dévorante ; c'est donc plus de trente millions de français comme il faut, qu'on veut mettre hors la loi pour être les serviteurs et les esclaves de nos bons démagogues. Oh heureuse France, heureux pays que ton sort est digne d'envie !

CHAPITRE IX.

Encore les Jésuites et un nouveau coup de herse.

J'ai laissé nos bons jésuites plus haut après avoir montré que s'ils quittaient tous parents, amis, fortune et se faisaient pauvres, ce n'était que pour le peuple et par amour du peuple et je défie qu'on me prouve le contraire, s'il en était autrement ils auraient donc perdu la tête ayant fait tous leurs cours et se remettant sept ans à l'étude pour devenir les plus savants des hommes : c'est sans doute ce qui les rend un sujet de terreur et d'horreur à nos radicaux ; cependant ils ne briguent aucune place, aucun emploi, ni aucune sinécure, ils se sont faits pauvres et veulent rester pauvres ; et pourquoi cette pauvreté pouvant jouir de tout ?

Oh je vais te le dire, peuple, et le répéter afin que tu le conserves en mémoire, que l'homme n'est pas un animal, qu'il a des devoirs à remplir sur la terre et de grandes obligations, qu'il est une autre vie heureuse ou malheureuse suivant le bien ou le mal qu'il aura fait dans celle-ci, et pour le prouver avec efficacité, ils ajoutent à la pauvreté le jeune, la prière, la mortification, la chasteté et le dévouement, de manière que tu ne trouves pas dans leur vie une seule ombre pouvant scandaliser les enfants qu'ils doivent instruire et dont une grande partie sont destinés à jouer un rôle dans les destinées du pays, qu'ils doivent par conséquent être hommes d'honneur, se conduisant bien, remplissant leurs devoirs chacun suivant sa position en rendant service à la société tout entière.

Les jésuites prémuniront donc le jeune avocat contre le cupidité, lui disant que c'est un grand crime de faire dépenser comme l'avocat de l'anglais 5 ou 6 cents francs pour avoir cent écus pour lui, quand dix francs eussent suffi et qu'il eut été largement payé ; au jeune notaire de faire les affaires de ses clients avec justice et probité ; aux médecins de bien soigner ses malades et d'avoir égard aux malheureux ; aux riches de secourir les pauvres, de leur venir en aide dans leurs besoins ; aux fonctionnaires d'être toujours guidés par la justice et l'honneur ; ils ne prêchent pas seulement de paroles mais d'exemple, ils savent qu'une lampe dont le verre est embrouillé, rempli de saleté ne peut bien rendre toute la lumière et éclairer comme il faut ; voilà pourquoi la lumière qu'ils rendent était parfaite, ils ne veulent pas qu'il y ait dans leur vie la moindre tâche capable de l'obscurcir.

Maintenant qu'on vienne me dire que ce sont des soins inutiles, superflus, puisque là résident le bonheur de l'homme, la tranquillité de l'Etat et le salut de la société. On doit commencer à comprendre pourquoi ce jésuite si bon, si pauvre, si modeste et si dévoué est un objet d'horreur et d'exécration pour nos radicaux dont ils contre-carrent les plans, de là les rugissements de leurs journaux, les noircissant de toutes parts pour en faire un épouvantail au monde en jetant l'ordure dessus, parce qu'ils savent que le monde, à l'aspect d'une chose puante, ne se met pas à la considérer, se bouche le nez et passe son chemin. Aussi ce n'est jamais dans le pays que les faits se font, c'est toujours d'un endroit éloigné et c'est cités comme émanant d'un tel journal, lequel n'en a jamais dit mot, qu'ils viennent ainsi bon lecteur ; procure toi ledit journal, si tu peux, pour constater les faits, comme cela te demanderait trop de difficultés, tu préféres les croire sur parole, sans apercevoir que le mensonge, la calomnie, la ruse, leur sert d'aviron pour diriger la barque afin de mieux l'exploiter s'il en était autrement. S'ils faisaient comme moi qui n'ai pas intérêt à mentir ni à calomnier, ils s'établiraient dans leur canton ou dans l'arrondissement s'ils le voulaient encore Ils diraient aussi comme moi voilà des faits véritables avec pièces à l'appui que tout le monde peut contrôler, qu'on vienne me démentir, mais là il faut qu'ils fassent le muet, si non leur charlatanisme tomberait à nu, on verrait clairement qu'ils n'ont fait que dénigrer et mettre en suspicion l'homme de bien qui pratique la religion et par là même la rendre odieuse en la faisant paraître comme voulant tout accaparer, ils seraient pris dans leurs filets comme le pauvre cocher de la Capelle, aimant tous les ouvriers et voulant leur faire perdre le capital de quarante mille francs que leur église a coûté à construire, par la seule raison qu'il avait sans doute lu leurs journaux écarlates. Qu'a gagné Mgr Haffreingue, et qu'a-t-il exploité en faisant surgir ces millions dans sa ville d'adoption et les répandant dans les mains des ouvriers, sinon des fatigues et la pauvreté ? Ses collaborateurs en créant un nouvel établissement ? même répétition. Il est vrai que l'anglais bienfaisant de Bréquerecque, M. Clifford et M. Adam construisant l'église des Petites Sœurs des Pauvres ne se ruinaient pas, mais ne suivaient-ils pas en tout point l'enseignement des Jésuites en répondant l'abondance dans les mains des ouvriers, et les Petites Sœurs des Pauvres qui recueillent pour nourrir les centaines de vieillards autre chose que des fatigues et aussi la mort.

Le fils de M. Gros, tué sur le champ de bataille, ne vient-il pas encore corroborer mon assertion ? c'était pour gagner de l'argent et dominer qu'il se faisait tuer lui aussi ! Il serait superflu de montrer ici plusieurs autres boulonnais fortunés quittant tout eux aussi par amour de Dieu et de leurs semblables, c'est sans doute encore pour dominer et exploiter ? sublime exploitation et domination, bon dieu ! quand c'est l'exploité qui en recueille les avantages et les bénéfices matériels ; afin qu'il puisse rendre compte, voir et admirer la grandeur du mobile qui les fait agir et par là même en recueillir les bienfaits moraux qui en découlent.

Je dirai donc net à nos radicaux libres-penseurs qui disent tant aimer le peuple et travailler pour lui, comme à mon pauvre cocher de la Capelle, précité, que ce sont des f.... menteurs ; cependant je mets une réserve en faveur de ce cocher dont la bonne foi était obscurcie par la lecture de leurs journaux. .., lui faisant accroire comme à tous ceux qui ont le malheur de les lire qu'ils sont les exploités.

Allons, allons, braves bousingots, arrivez donc me faire passer pour imposteur, montrez-moi donc en place des millions versés dans tout le peuple au nom de la religion ; ce que vous avez fait pour lui outre que des articles de journaux et de la blague d'avocats pour le rendre stupide et l'endoctriner et si la ruse et l'ambition n'était pas le mobile de vos actes, chercheriez-vous à tarir une source abondante, pure, limpide, courant naturellement, seule capable de le désaltérer étant à l'abri de vos mains avides ? Vous veilleriez, au contraire, à ce qu'il ne vint pas se mêler d'eau sauvage pour la troubler.

Puisque de vous-mêmes, braves mentors, vous ne pouvez rien, ce n'est donc qu'au moyen des impôts dont une partie pourra glisser dans vos pattes que roule votre dévouement pour le peuple dont vous vous dites le défenseur, lequel devra forcément vous payer, car il serait surnaturel qu'un avocat ou un médecin travaillât pour l'amour de Dieu. Ainsi bon campagnard, bon rural, plus tu payeras d'impôts, plus ils seront contents, et toi, bon bourgeois, bon ouvrier, outre les impôts ordinaires on te fera encore payer sur le charbon, le bois, l'huile, le café, vin, sucre et eau-de-vie, et cela sans que mon malheureux cocher ne soit exempt de payer comme les autres jusqu'au miel nécessaire pour tenir le corps libre à son petit enfant venant de naître ; c'est bien loin du pourboire pour les courses que tu fais à Notre-Dame et aux Jésuites, ici c'est tout l'inverse, c'est bien toi le payeur.

Si ce bon cocher ignorant ou plutôt trompé voulait affamer la Capelle, je dis affamer, qu'on le remarque bien, le mot n'est pas trop fort, car 50 ou 60 mille francs répandus entre les habitants d'une petite localité donne de l'aisance aux uns, et aux autres la facilité d'élever leurs enfants pour qu'ils puissent les aider à leur tour. Voilà ce qui est incontestable, et en outre ôter la satisfaction au pauvre diable ne possédant rien, dont le frère éloigné vient le visiter, de pouvoir lui dire : après dîner nous irons voir notre église tu verras qu'elle est belle, qu'elle est bien ornée, nous avons trois superbes cloches, une jolie horloge, tu vas l'entendre tout à l'heure sonner. C'est bien agréable et utile pour nous qui n'avons pas moyen d'en avoir.

Ce cocher trompé disait cela sans en apprécier les conséquences, il était coupable, mais les véritables coupables sont ceux qui ont rendu son intelligence animale pour en faire leur bête de somme et porter leur bât

Je crois les avoir qualifiés assez rapidement, puisque d'après leurs doctrines il n'y a ni bien ni mal, que l'homme n'est qu'un animal raisonnable descendant du singe ; j'ai constaté et prouvé plus haut suivant leurs principes qu'il était moindre que mon chien, puisqu'il court moins fort et que sa peau quand il est mort n'est pas seulement bonne à faire des gants ni une descente de lit comme celle de mon chien, plus méchant que la vipère ne faisant de victimes que lorsqu'on la dérange ; et j'ai ajouté qu'il était pire qu'un chien enragé, et j'en ai donné pour preuve que le chien enragé poussé par une maladie terrible n'a pas conscience de ce qu'il fait et qu'on peut l'éviter, tandis que l'homme, le libre penseur va traquer sa victime jusque dans des lieux inaccessibles.

O gourmand XIXᵉ siècle ! n'est-ce pas assez pour toi de

la découverte de la vapeur et de l'électricité, ne pouvais-tu pas laisser la découverte de l'homme animal descendant du singe à ton successeur ? Oh bienheureuse France ! à toi en revient la gloire et l'honneur puisque le chef de l'empire connaissait assez les intelligences pour mettre à la tête de l'instruction publique cet homme éminent, en un mot, ce prodige de science dont la découverte bien comprise, l'homme descendant du singe doit changer le monde et dientrement l'enorgueillir, en lui méritant au degré absolu ce titre de siècle de lumière qu'on lui décernait peut-être avec ironie. Sédan, il est vrai, a laissé une ombre au tableau, mais est-ce que la réverbération de la lumière dans les mains des hommes du 4 Septembre avec leur Commune ne l'a pas fait entièrement disparaître et n'a pas éclairci l'horizon pour faire comprendre au monde étonné qu'il n'y a plus d'illusion possible, qu'ils veulent malgré tout faire dominer toutes leurs utopies et satisfaire leurs instincts brutaux, car ils sont logiques. Plus de Dieu, plus d'humanité, par conséquent plus d'hommes, il ne reste plus que l'animal avec ses instincts qu'il doit satisfaire quand même. Eh ! ne voit-on pas clairement que là seul est leur élément, qu'ils ne sauraient et ne peuvent vivre ailleurs, pas plus que le poisson hors de l'eau ? donc il leur faut de toute nécessité l'animal. La direction de l'animal et la dépouille de l'animal voilà tout le mystère ; hors de là ils ne sont plus rien, ils faut qu'ils meurent d'inanition.

Voilà aussi le mobile de leur haine étrange contre la religion laquelle releva l'homme, lui montra son origine céleste, le fait marcher la tête haute en lui faisant par dessus un commandement formel d'aimer son prochain comme lui-même, de l'aider et lui venir en aide chaque fois qu'il le pourra. C'est bien loin cela de le tyraniser et le dépouiller !

Car tout observateur attentif examinant les faits qui se produisent est forcé de voir qu'il est beaucoup de radicaux libres-penseurs, qui ressemblent à cette espèce de petits vers qui ne doivent leur existence qu'à la chair corrompue et puante Dans ia religion pas de putréfaction possible, elle l'en repousse et en est l'antidote, donc rien à mordre là, pas moyen de naître et de s'engraisser, donc il faut la salir, la rendre en horreur et là faire disparaître, pas d'autre moyen possible.

En avant donc le mensonge, la calomnie, les ruses, seules armes capables de nous faire réussir. 'N'avons nous pas pour garant le patriarche de l'incrédulité, Voltaire, dont la secte lui a, à Paris, élevé une statue qui répétait sans cesse, mentez, mentez toujours, il en restera quelque chose !

Allons, journalistes, ses admirateurs, armez-vous de la cuirasse et marchez de l'avant, battez la grosse caisse, mais surtout ayez soin que ce ne soit pas dans le pays où on pourrait vous démentir, vous feriez tort à la cause en voulant la servir : allons, du courage, faites un tapage infernal et noircissez sans cesse, car tous ceux qui veulent vivre sans travailler aux dépens des autres, tous les affamés de places et les députés ambitieux vous viendront en aide et vous payeront même, les Chambres retentiront de leurs clameurs ; ainsi que ce soit un tolle général. Marchez, marchez toujours et pénétrez jusque dans les plus petites chaumières, pour être la larve des députés voulant anéantir la lèpre dévorante du clergé, y mettre la putréfaction, afin d'y trouver l'aliment de l'existence, car tant que la religion existera leur domination ne peut être assise et ne sera que momentanée, faisant des hommes et leurs principes des animaux ! Ils savent, en outre, que l'homme apercevant leurs utopies se révoltera toujours et devra y mettre obstacle, tandis que l'animal se laisse conduire par les liens de celui qui le domine. Maintenant à bon entendeur, salut !

J'ai fait une absence un peu longue de Boulogne, quoi qu'étant le champ sur lequel je m'étais établi pour prouver mon assertion ; attendu que j'avais là tous les éléments nécessaires, et habitant les lieux il ne peut donc y avoir de supercherie ; à l'inverse de nos radicaux, tout le monde peut s'en rendre compte et se convaincre qu'il n'y a pas d'illusion, que les faits sont là vivants et parlants, et conclure comme moi qu'il n'y a que la foi et la foi seule inspirée par la religion pour produire et alimenter de tels bienfaits, que les plus forts budgets sont impuissants à faire jaillir ; donc la religion est nécessaire et bonne, et un gouvernement qui aime l'humanité doit faire tous ses efforts pour la faire prospérer.

Arrive, bousingot, me dire que c'est un rouage inutile qu'il faut supprimer, tu as la jaunisse, brave garçon, et tu vois jaune.

J'ai laissé nos modestes jésuites au milieu de nos futurs avocats, médecins, magistrats, députés, journalistes, et tous ceux qui doivent jouer un rôle dans la société, leur montrant non pas leurs droits, mais leurs devoirs, dont l'observation stricte amènera le bonheur, le repos de la vie toute entière ; là rien à mordre, le droit de tous et de chacun est réservé, aussi le ban et l'arrière-ban de la clique fait-il chorus contre les Jésuites pour les rendre hideux et c'est l'épithète qu'ils adressent à ceux qui ne pensent pas comme eux, par conséquent sus aux Jésuites qui veulent tout accaparer, tout dévorer, ce sont les ennemis de l'humanité !

Voyons ce qu'il en est, puisque la Providence a permis qu'ils vinssent s'établir dans nos environs. Si je tremblais et frémissais à la pensée des maux si redoutables que des hommes si voraces et si intrigants, allant s'établir dans le pays devaient y apporter aujourd'hui, je suis bien désabusé ; ce ne sont plus des paroles mensongères et calomnieuses de journalistes impies, payés pour tromper la crédulité publique ; ce sont des faits véritables, sublimes, bienfaisants, que tout le monde peut constater sur les lieux mêmes, car il n'est pas admissible à quiconque de dire qu'on est allé les trier dans toute la France pour venir juste à Boulogne donner le démenti le plus formel à cette presse ordurière ennemie de l'humanité.

Je le prouve tout de suite, où les a-t-on vu ? dans les cafés, estaminets, casino, cercles, théâtres, ce sont bien des lieux publics ou tout le monde peut aller ; qui ont-ils gêné là-dedans?

personne, de quoi vous plaignez-vous donc, braves basiles, puisqu'aucun des vôtres, ni aucun de nos radicaux à lunettes ou non, ne peut dire qu'il a été regardé en face dans la rue par un Jésuite et lui ait fait le moindre tort. Où sont donc vos griefs ? montrez-les donc, après, vous aurez le droit de vous plaindre et dire, voilà des faits, qu'on vienne me démentir, c'est là que je vous attends, si ne pouvant motiver aucun reproche sérieux, je conclus que vous êtes des menteurs, des imposteurs, des gens tarés, ayant intérêt à tromper le peuple.

Puisqu'il est beaucoup de vos compatriotes qui gagnent leur vie avec le concours des Jésuites, tels que les bouchers, hôteliers, boulangers, épiciers, tailleurs, cordonniers et une foule d'autres industries, sans compter plus d'un million qu'ils sont à répandre dans les mains des ouvriers. Voilà des faits irrécusables devant faire voir au peuple que ceux qui se disent avec tant de fierté ses défenseurs ne sont en réalité que de vils charlatans.

Je vais plus loin puisque je viens de prouver que les Jésuites sont l'inverse de ce qu'ils disent et que leur éloignement eut été une calamité pour le peuple qui en recueille les bienfaits, et j'ajoute et prouve encore que nos radicaux en voulant supprimer la religion qu'ils représentent, c'est au peuple qu'ils s'attaquent en voulant l'affamer, ce que je montrerai un peu plus loin.

CHAPITRE X.

La Salade du Pauvre, l'Oignon cuit et l'Œuf dur.

Nous avons vu les prodiges qu'un homme de foi a fait, se chiffrant par les millions qu'il a fait sortir de terre et sont venus l'abriter autour de sa cathédrale pour delà se répandre dans les mains des ouvriers et du peuple. Arrive donc me démentir toi qui fais tant d'étalage de ce que tu as fait pour le peuple, à ton tour, montre-moi donc où sont les millions que tu peux mettre en évidence, tu ne produis que des dettes et des emprunts engageant l'avenir, que la ville doit rembourser au fur et à mesure, puisque hier je voyais encore affichée, Porte des Dunes, telle obligation remboursable aujourd'hui, sortie au tirage.

Ils peuvent, il est vrai, montrer le Théâtre, le Casino, l'Aquarium, etc., qui ne sont pas très-onéreux, je crois ; peuvent-ils en dire autant de leur Collége communal et des Écoles laïques qu'ils installent ? Cependant il a fallu pour créer tout cela, et il faut encore pendant longtemps pour que le pauvre diable puisse manger une simple salade, qu'il y ait dessus quatre impôts : impôt sur le sel, impôt sur le poivre, impôt sur l'huile et le vinaigre, et s'il veut y ajouter un oignon cuit il devra encore payer deux impôts, un sur l'allumette et l'autre sur le charbon. Si pour manger un peu de verdure il faut six impôts, énumère combien pour un dîner ? Je ne blâme pas les impôts, je ne dis pas que cela ne soit pas nécessaire, je constate seulement par des faits positifs que tout ce folâtra qu'il font, tourne toujours au détriment de la salade du pauvre, puisque ce sont les impôts, les octrois qui en sont l'élément. Si Muséum, Collége, Square, Jardin, Aquarium, etc., ne sont, ne peuvent subsister et n'ont pu se créer sans rendre la salade de l'ouvrier plus maigre. Oh ! alors, braves radicaux, taisez-vous, faites le muet, ne chantez pas sur tous les tons ce que vous faites, puisque je prouve que ce que vous donnez d'une main vous en reprenez une partie de l'autre, et je conclus que vous êtes les fléaux et les ennemis de l'humanité, puisque vous voulez éloigner, sinon supprimer cette religion qui est son soutien, son appui et ne vient pas fourrer son nez dans la salade du pauvre ni envoyer des billets verts ou rouges.

Si la Cathédrale a coûté plusieurs millions, tout n'est-il pas rentré net dans les mains de l'ouvrier, et la salade n'ayant pas à y revoir les centaines de mille francs pour la construction de Saint-François de Sales, les Petites Sœurs des Pauvres, le Petit Séminaire, la Visitation, etc , etc. Toutes ces constructions peuvent se chiffrer par millions. Ajoutez encore les travaux que les Jésuites font exécuter, ce sont encore de nouveaux millions qui tombent dans les mains de l'ouvrier et peuvent lui faire ajouter un œuf dur à sa salade s'il le veut, puisqu'ils lui arrivent sans impôts, ni emprunts ; conséquemment par des remboursements, de même que la mer, arrivant naturellement à Boulogne dans le port deux fois par jour, apportant voyageurs, poissons, marchandises, fait vivre une foule d'industries, répandant le bien-être et la richesse. Qu'elle vienne donc à sécher, ne serait-ce pas la ruine des riverains et du pays et un énorme vide dans l'alimentation, ce serait donc un désastre et en outre la marine pour vivre elle-même serait encore obligée de faire la concurrence à toutes les industries et états quelconques, lesquels produisent déjà plus qu'ils ne peuvent écouler, ce serait évidemment la ruine du pays et un irréparable malheur.

Maintenant, appliquez mon raisonnement à la religion, puisqu'on a vu par ce qui précède qu'elle ne répand que des bienfaits dans la pauvre humanité et se trouve être indispensable au point de vue matériel, venant librement du ciel comme une mer féconde, et c'est par millions et centaines de millions que se chiffrent ce qu'elle produit en France, et Boulogne peut le voir avec toute vérité puisqu'il en possède un échantillon. Capitaux énormes que la France verse par la religion sans interruption dans les mains du peuple sans être soutiré par l'impôt et que je puis, sans blasphémer, comparer au Créateur, faisant sortir la terre du néant, la donnant à l'homme pour lui prouver son amour.

Et des hommes, des prétendus libéraux, se disant amis et protecteur du Peuple dont la place serait plutôt aux petites maisons, voudront, avec toutes leurs utopies, supprimer la religion et retourner la société sens dessus dessous dont les résultats probables seront de l'affamer, puisque des centaines de mille hommes seront sur le carreau, obligés de changer d'état, et de consommateurs devenir producteurs ; quand toutes les industries souffrent faute de confiance et débouchés, et devront forcément augmenter le malaise général en faisant une concurrence aux ouvriers. C'est le cas exact du cocher de la Capelle trompé, disant aimer les ouvriers et voulant les affamer.

Ici c'est un calcul raisonné, il faut aux meneurs l'homme animal pour pouvoir le conduire et le diriger. S'ils aimaient l'humanité comme ils le disent si effrontément, ne verraient-ils pas qu'il y a plus de 20 millions de Catholiques en France, vivant des bienfaits moraux de la religion sans se plaindre et y trouvant le bonheur, et en outre plusieurs autres millions auxquels sont ajoutés les bienfaits matériels dont le public profite à son tour, puisque sans cela ils seraient forcés de lui faire la concurrence pour vivre, et chose digne de remarque; il n'y a que ceux qui ne la connaissent pas, ou bien qui sont retenus par les passions qui se plaignent avec la plus insigne mauvaise foi, aveuglés qu'ils sont par la jalousie, la haine et dévorés par l'ambition, cause certaine de tous nos maux.

CHAPITRE XI.

—

Double Conclusion.

Je termine par une comparaison qui n'est pas sans analogie, avec le sujet que je viens de traiter. Ayant parlé de la charrue dans mon introduction, laquelle étant faite pour paralyser et détruire l'ordure végétale. C'est donc l'ordure se plaignant de la charrue qui la détruit et féconde la terre en y faisant pousser le bon grain en place, aussi, l'ordure trouvant la herse et la charrue bonnes à quelque chose et ne pouvant le nier, son désir serait-il de les confiner à la remise et à l'écurie, dès lors elle serait certaine de se développer à l'aise et d'envahir même les environs, car il est prouvé que le vent seul suffit pour porter la semence et empoisonner les champs voisins.

La charrue et la herse sont donc les appuis matériels et naturels de la société, en ce sens qu'elle l'aide à vivre. La charrue et la herse fonctionnant, c'est le bon grain dans le sillon donnant l'abondance et la vie.

La charrue et la herse ne fonctionnant plus, c'est l'ordure et la l'ivraie envahissant les champs, produisant la disette et affamant le peuple. Arrive, basile, me prouver que l'ordure n'est pas l'ennemi mortel de la charrue, laquelle en arrête l'extension et la fait disparaître, n'ayant que pour cela la raison d'être.

On doit voir que la rage est la haine de nos radicaux libres-penseurs, impies et voltairiens contre la religion et ses ministres est motivée. La Religion et ses ministres, étant la charrue et la herse, est l'instrument mystérieux pouvant mettre obstacle à leur domination. flétrissant l'ambition, la rendant ignoble aux honnêtes gens ! l'effroi de cet avare, de ce voleur, dépouillant ses voisins, de cet impudique, mettant le trouble et le déshonneur dans les familles en imitant les coucous, de cet ivrogne mangeant le pain de sa femme et de ses enfants, enfin de tous les tarés, eux qui veulent vivre aux dépens des autres, comme l'avocat de l'anglais. Aussi nos bousingots pour pouvoir faire leurs affaires plus sûrement et sans contrainte, demandent-ils la religion à l'église et le prêtre à la sacristie avec les portes mûrées.

Attention à toi, peuple ! c'est toi qui es ici en jeu !

FIN

BOULOGNE - SUR - MER,

Typographie et Lithographie de F. Delahodde, rue Royale, 8 ter.